CLICK & LOVE

Édition : Nathalie Ferraris
Design graphique et infographie :
François Daxhelet
Révision : Brigitte Lépine
Correction : Odile Dallaserra
et Milena Desharnais-Lanas
Image en couverture : Shutterstock
Photos des auteurs : Pierre Thionnet

Catalogage avant publication de Bibliothèque et Archives nationales du Québec et Bibliothèque et Archives Canada

Titre : Click & Love : Guide pratique pour réussir vos rencontres en ligne / Isabelle Nazare-Aga et Gérald Marco.
Autres titres : Click and love | Click et love
Noms : Nazare-Aga, Isabelle, auteur. | Marco, Gérald, auteur.
Description : Texte en français seulement.
Identifiants: Canadiana (livre imprimé) 20240026446 | Canadiana (livre numérique) 20240026454 | ISBN 9782761965606 | ISBN 9782761965613 (livre numérique)
Vedettes-matière : RVM : Rencontres amoureuses sur Internet. | RVM : Amours—Aspect psychologique. | RVM: Amour chez la personne d'âge moyen.
Classification : LCC HQ801.82.N39 2025 | CDD 306.731—dc23

04-25

Imprimé en France par NRIs.a.s. (2500891)

4545, rue Frontenac, 3e étage
Montréal (Québec) H2H 2R7
Canada
info@groupelivre.com

Dépôt légal : 2025
Bibliothèque et Archives nationales du Québec

ISBN (version papier) 978-2-7619-6560-6
ISBN (version numérique) 978-2-7619-6561-3

DISTRIBUTEURS EXCLUSIFS :

Pour le Canada et les États-Unis :
MESSAGERIES ADP inc.*
Téléphone : 450-640-1237
Internet : www.messageries-adp.com
* filiale du Groupe Sogides inc.,
filiale de Québecor Média inc.

Pour la France, diffusé et importé par :
INTERFORUM ÉDITIS
92 avenue de France, 75013 Paris
contact.clientele@interforum.fr
Téléphone : 33 (0) 1 49 59 11 89 / 12 40
Service commandes France Métropolitaine
Téléphone : 33 (0) 2 38 32 71 00
Internet : www.interforum.fr
Service commandes Export — DOM-TOM
Internet : www.interforum.fr
Courriel : cdes-export@interforum.fr

Pour la Suisse :
INTERFORUM editis SUISSE
Allée Paul-Cantonneau 5, Bâtiment A11/12 1762 Givisi
Téléphone : 41 (0) 26 460 80 60
Internet : www.interforumsuisse.ch
Courriel : office@interforumsuisse.ch
Distributeur : OLF S.A.
Commandes :
Téléphone : 41 (0) 26 467 53 33
Internet : www.olf.ch
Courriel : information@olf.ch

Pour la Belgique et le Luxembourg :
INTERFORUM BENELUX S.A.
Chaussée de Tubize 481, 1420 Braine-l'Alleud
Téléphone : 32 (0) 10 39 59 54
Internet : www.interforum.be
Courriel : Export.Belgique@interforum.fr

Gouvernement du Québec – Programme de crédit d'impôt pour l'édition de livres – Gestion SODEC – www.sodec.gouv.qc.ca

SODEC
Québec

L'Éditeur bénéficie du soutien de la Société de développement des entreprises culturelles du Québec pour son programme d'édition.

Conseil des arts du Canada | Canada Council for the Arts

Nous remercions le Conseil des arts du Canada de l'aide accordée à notre programme de publication.

Financé par le gouvernement du Canada
Funded by the Government of Canada
Canada

Nous reconnaissons l'aide financière du gouvernement du Canada par l'entremise du Fonds du livre du Canada pour nos activités d'édition.

ISABELLE NAZARE-AGA
GÉRALD MARCO

CLICK & LOVE

GUIDE PRATIQUE POUR RÉUSSIR VOS RENCONTRES EN LIGNE

LES ÉDITIONS DE L'HOMME

Nous dédions cet ouvrage à celles et ceux
qui craignent de ne pas retrouver l'amour,
mais aussi à toutes les personnes qui y
croient encore…

ET SI ON NAVIGUAIT ENSEMBLE?

À un moment de leur parcours, certains croient avoir expérimenté dans leur vie sentimentale le bien comme le mal, l'heureux comme le malheureux… Souvent divorcés ou séparés, hommes et femmes au mitan de leur vie, quelle que soit leur orientation sexuelle, pensent avoir tout vécu du couple et n'ont souvent pas très envie de s'y réengager. De plus, les occasions de rencontrer des personnes en vue de relations amoureuses se font de plus en plus rares. Il n'en reste pas moins que le désir de retrouver l'amour est là ; parfois bien tapi sous des prétextes de vie bien remplie, mais il se manifeste de temps en temps et peut devenir de plus en plus pressant. Les solutions sont à nos portes, mais peu passent le pas sans anxiété ou défaitisme.

Or, un système qui est apparu il y a quelques années ouvre un univers encore inconnu pour nombre d'individus : les applications et les sites de rencontre sur Internet. En effet, dans un monde où les interactions quotidiennes se digitalisent à une vitesse vertigineuse, les réseaux de rencontre se sont imposés comme outils de plus en plus courants pour trouver l'amour, que nous soyons en quête de l'âme sœur ou d'une simple aventure.

Toutefois, les rencontres en ligne sont une véritable jungle ; une jungle où se croisent tous les types de personnalités, des habitués aux néophytes. Réussir à trouver la voie pour accéder à une personne qui nous convient n'a rien d'évident, contrairement aux apparences !

Tinder, Happn, Grinder, Bumble et Hinge sont les applications de rencontre les plus populaires, avec des millions d'utilisateurs actifs chaque jour. Cet ouvrage a pour objectif de vous aider à naviguer plus consciemment dans cet univers de plateformes que nous avons décidé de nommer génériquement Click & Love (voilà, nous ne ferons pas de jaloux) !

Nous, les auteurs de ce livre, avons « donné de notre personne » en nous infiltrant pendant plusieurs années dans cet univers. Nous avons effectué ce que l'on appelle une enquête immersive. Nous en sommes ressortis avec tant de bonnes expériences que nous avons décidé de partager nos stratégies de réussite. À noter que nous recherchions aussi sincèrement l'amour.

Notre immersion nous a notamment montré que les approches de séduction ainsi que les codes moraux et sociaux varient selon le sexe. Les interprétations diffèrent entre les femmes et les hommes, ce qui se reflète dans nos approches distinctes à nous, Isabelle et Gérald. Les façons de penser et les comportements sont influencés par le genre. C'est pourquoi nous avons décidé d'écrire ce livre en combinant nos expériences personnelles et professionnelles, à quatre mains (deux têtes, deux cœurs, deux sexes, etc.), le but étant de vous aider à maximiser votre potentiel de succès.

En plus de reposer sur nos expériences personnelles, cet ouvrage s'appuie sur une analyse approfondie d'une quarantaine d'entretiens que nous avons menés auprès d'hommes et de femmes aux orientations sexuelles diverses, âgés de 35 à 70 ans, mais en majorité cinquantenaires. Cela garantit une représentation équilibrée et une compréhension plus approfondie et pragmatique du sujet. Ils vivent en France, en Belgique, en Suisse, au Québec, au Canada et au Luxembourg. Ils sont experts-comptables, avocats, chargés de communication, designers, ingénieurs, informaticiens, employés de mairie, douaniers, policiers, chefs, médecins, psychologues ou psychothérapeutes, chercheurs, hauts fonctionnaires, galeristes, musiciens, compositeurs, conseillers juridiques ou femmes au foyer. Nos témoins ont répondu avec sincérité, pendant 90 minutes en moyenne, à une série de questions que vous pourrez découvrir dans l'annexe 1. Nous révélerons, entre autres, leurs critères négatifs et rédhibitoires. Ils sont surprenants !

Nous avons aussi répertorié de façon très complète les raisons pour lesquelles les uns et les autres s'inscrivent sur de telles plateformes. Elles englobent autant la recherche de stimulations sexuelles que la quête d'une âme sœur ou d'un moyen de ne plus se sentir seul.

Ce livre vous plongera donc dans les méandres de ces applications et sites numériques pour explorer les dynamiques subtiles qui influencent les émotions, les choix et les décisions. Nous prenons en compte les aspects psychologiques, physiologiques, émotionnels et affectifs afin d'étudier les motivations de chacun, hommes et femmes dont la moyenne d'âge est de 50 ans, aux besoins différents.

Par ailleurs, au fil des pages, nous livrons les secrets pour déceler les bons profils et composer le vôtre de façon attractive. Nous faisons également de nombreuses suggestions pour que vous démarriez et mainteniez des conversations, planifiiez des rendez-vous en toute sécurité, abordiez la sexualité en posant des limites, gériez les relations à long terme et évitiez les pièges courants, notamment les faux profils. Pour ce faire, nous avons eu à cœur d'être très précis et concrets. Il a été important pour nous de vous conseiller dans un esprit éthique et respectueux. Aucune manipulation n'est suggérée pour vous aider à élaborer des stratégies de séduction numérique.

Vous découvrirez également comment ces plateformes façonnent non seulement vos rencontres, mais aussi votre compréhension de vous-même et des autres. Nous souhaitons aussi exorciser vos éventuelles peurs de vous faire « arnaquer » ou vos croyances que les intentions des autres utilisateurs sont toujours malsaines ou perverses.

Veuillez noter que si nous utilisons les substantifs « homme » ou « femme », c'est simplement pour faciliter la lecture, car notre ouvrage s'adresse autant aux hétérosexuels qu'aux membres de la communauté LGBTQ[1].

De même, l'usage des outils numériques dans le monde entier impose des jargons spécifiques, usuels et anglophones. C'est aussi le cas des applications et des sites de rencontre. Ainsi, nous utiliserons les vocables anglais, mais nous les expliquerons au fur et à mesure, ainsi qu'en annexe 4.

Le prénom des témoins a été modifié selon leur demande. D'autres ont préféré le maintenir lors de leur témoignage.

À présent, plongez dans ce guide anti-crash pour un vrai crush !

---

1. L'acronyme LGBTQ désigne les minorités sexuelles telles que les personnes lesbiennes, gaies, bisexuelles, trans et queer.

PARTIE 1

À LA DÉCOUVERTE DES PLATEFORMES DE RENCONTRE

Il existe actuellement un grand nombre d'applications et de sites de rencontre. Certains disparaissent au moment où d'autres font leur apparition, tels de véritables phénomènes de mode. Il y a des piliers comme Tinder, Facebook Rencontres, Bumble et Happn… Nous ne formulerons aucun jugement personnel à l'égard de ces plateformes. Elles peuvent convenir à certains et pas à d'autres pour diverses raisons. Cependant, dans les chapitres suivants, nous serons parfois plus spécifiques en les nommant, car des fonctionnalités peuvent diverger de l'une à l'autre.

CHAPITRE 1

COMMENT ÇA MARCHE?

Si les applications et les sites de rencontre se démarquent les uns des autres, par exemple dans leur manière de se présenter visuellement ou de nommer des critères, ils fonctionnent généralement tous de la même manière. Ainsi, que vous soyez néophyte ou expert en la matière, vous serez toujours appelé à employer la même procédure. Voyons quelles en sont les grandes lignes.

Quelques éléments fondamentaux

Pour commencer, chaque utilisateur est invité à façonner une description numérique de lui-même, combinant photos captivantes et descriptions évocatrices pour attirer l'attention, séduire et intriguer. Les plateformes de rencontre, loin d'être de simples interfaces, dévoilent en réalité toute une armada d'algorithmes et de technologie. Ceux-ci sont conçus pour déceler et mettre en relation les utilisateurs compatibles. Pour cela, ils se basent sur des critères simples tels que les passions partagées, la proximité, l'âge, mais aussi d'autres facteurs qui sont parfois bien plus subtils, voire secrets.

L'usage se fait directement depuis un smartphone (ou téléphone intelligent pour les Québécois), mais aussi depuis un ordinateur ou une tablette. Le fameux swipe, simple balayage de l'écran, est devenu un geste simple et universel sur le téléphone mobile ; vous faites un choix rapide entre l'attirance (représentée par un cœur) et l'indifférence (représentée par une croix rouge ou jaune, selon l'appli). Si vous êtes sur une tablette ou un ordinateur, et selon les applications et les sites, soit vous balayez, soit vous devez cliquer sur une icône. Les aires de tchat, quant à elles, sont des lieux de récréation numérique, où fleurissent les discussions.

Voici une liste non exhaustive des applications et des sites de rencontre les plus populaires à ce jour :
• Tinder • Happn • Bumble • Meetic • Adopte • Grindr • Hinge • Disons Demain • Badoo • eDarling • Elite Rencontre • Fruitz • OkCupid

Les applications et sites de rencontre que nous désignons ici par l'appellation « Click & Love » peuvent transformer des inconnus en amis, en amants, en partenaires ou en couples.

Sur quelles plateformes commencer ?

Les amis ou collègues sont souvent les premières personnes qui vous encouragent à vous inscrire sur telle ou telle plateforme, selon leurs propres expériences. Certes, mais laquelle vous convient le mieux ?

On voit quelques publicités de réseaux de rencontre placardées sur les panneaux de certaines villes comme Paris, notamment dans le métro et les abribus, mais moins dans le flux traditionnel des médias tels que la télévision et la radio, selon les pays. En revanche, l'utilisation des cookies (publicités ciblées) permet à Facebook de faire apparaître des annonces de Tinder, Bumble, Meetic, Adopte, Happn, Facebook

Rencontres, Hinge, Fruitz et d'autres… Le bouche à oreille fait davantage son œuvre. À vous de tester les applis et les sites qui vous attirent, tous en même temps, ou un à la fois…

Qu'en disent nos témoins ?

Armelle, 47 ans, psychologue, vit dans une ville de 10 000 habitants. Dans son cas, Tinder est l'application la plus satisfaisante, car elle lui propose un grand nombre de profils d'hommes. Bumble, affirme-t-elle, ne lui en propose aucun ! Cette appli n'est donc pas adaptée pour sa région. En revanche, nombre de nos témoins résidant dans les grandes villes sont satisfaits de leur fréquentation sur Bumble.

Pour vous aider à faire un choix éclairé selon le pays où vous habitez, sachez que, dans l'ordre, les 10 applications les plus utilisées en France[2] sont Tinder, Meetic, Badoo, Happn, Once, Bumble, Adopte, Hinge, OkCupid et Grindr. Au Canada[3], les plus populaires sont Tinder, Bumble, OkCupid, Hinge, Coffee Meets Bagel, Happn, Match.com, eHarmony, EliteSingles et Ashley Madison. En Belgique[4], les utilisateurs sont plus friands de Tinder, Meetic, Jecontacte.com, Bumble, Fine10.com, Parship, Elite Dating, Disons Demain, Be2 et Rendez-vous.be.

En 2024, Tinder comptait 75 millions d'utilisateurs actifs mensuels et 8 millions d'abonnés payants. C'est l'application la plus populaire au monde, notamment aux États-Unis, qui représentent 43 % des utilisateurs. Tinder est disponible dans près de 200 pays.

2. Source : sensortower.com.
3. Sources : datingsitesin.ca, datingsites.org et Appreview360.com.
4. Sources : Similarweb, site de rencontre Belgique, BEST.dating.

Quant à Bumble, elle compte actuellement 50 millions d'utilisateurs inscrits, avec 12,3 millions d'utilisateurs actifs mensuels en 2024. Cette application est particulièrement populaire en Amérique du Nord et en Europe. Elle est également présente dans plusieurs dizaines de pays bien qu'elle ne communique pas précisément le nombre exact.

En ce qui concerne Happn, le nombre exact d'utilisateurs actifs en 2024 n'est pas précisé, mais l'application est toujours en activité. Son modèle repose sur des fonctionnalités payantes utilisées par une minorité de membres. Elle est surtout populaire en France, en Europe, en Amérique du Nord, au Brésil, en Argentine et dans certaines grandes villes d'Asie.

Un questionnaire à remplir

Les applications et les sites Click & Love vous proposent d'abord de remplir un questionnaire concernant votre mode de vie. Ils s'appuient sur ce qu'ils appellent les « informations de base ». Voici les questions les plus fréquentes :

- le genre recherché (« Femme », « Homme », « Trans », « Personne intersexe[5] »...) ;
- votre orientation sexuelle (« Hétéro », « Gay », « Lesbienne », « Bisexuel.le », « Asexuel.le », « Demi-sexuel.le », « Pansexuel.le », « Queer », « En questionnement », « Aromantique », « Omnisexue.le[6] », « Non répertorié.e ») ;
- la tranche d'âge recherchée

5. Les personnes intersexes naissent avec des caractères sexuels qui ne correspondent pas aux définitions traditionnelles du sexe masculin ou du sexe féminin. On ne parle plus d'hermaphrodisme (humain) ou de pseudo-hermaphrodisme, mais d'intersexuation.
6. La plupart de ces termes sont définis à la page 66..

- la localisation (l'endroit où vous résidez);
- la distance recherchée entre vous et l'autre;
- le type de relation recherché (non précisé, «Relation sérieuse», «Court terme», «Rien de sérieux», «À me faire des amis», «Je ne sais pas trop»...);
- vos centres d'intérêt ou vos passions;
- votre taille;
- votre niveau d'études (complétées);
- votre emploi (le poste éventuellement);
- vos activités physiques ou sportives (en pratiquez-vous et à quelle fréquence?);
- votre consommation d'alcool (buvez-vous et à quelle fréquence?);
- votre consommation de tabac (fumez-vous et à quelle fréquence?);
- votre désir d'enfants («J'en ai»; «Je n'en ai pas»; «Je n'en veux pas»; «J'en veux»...);
- votre régime alimentaire («Végétarien», «Végétalien», «Pescétarien», «Casher», «Halal», «Carnivore», «Omnivore» ou «Autre»);
- votre religion;
- votre orientation politique;
- les langues que vous maîtrisez;
- si vous voulez activer le mode international (c'est l'accès à des profils non localisés à votre région);
- votre signe astrologique.

Le questionnaire de Tinder, par exemple, est aussi composé des éléments suivants:

- Avez-vous ou non un animal de compagnie? («J'en ai»; «Je les aime, mais je n'en veux pas»; «Je suis allergique»).

- Êtes-vous actif sur les réseaux sociaux ? (« Influenceur.se » ; « Je poste régulièrement » ; « Je n'y suis pas » ; « Je scrolle sans poster »).
- Quelles sont vos habitudes de sommeil ? (« Lève-tôt » ; « Du soir » ; « Ça dépend »).

Avis au pratiquant

Juste après votre inscription, l'application ou le site vous suggère de prendre un selfie spécifique. C'est ce qu'on appelle le profil vérifié. Il sert à prouver que les photos qui accompagnent votre profil sont bien les vôtres ! Cet autoportrait n'est jamais diffusé. Par exemple, Bumble vous demande un selfie avec une main sur la tête. Aussitôt, un petit signe sous forme de pastille de couleur (bleu pour Tinder et jaune pour Bumble) apparaîtra à côté de votre prénom ou du pseudo que vous avez choisi. Il permet de rassurer les correspondants et toute personne qui aura accès à votre «carte de visite». Vous existez bel et bien !

Certaines plateformes de rencontre ne tiennent pas compte de vos préférences en matière de type de relation ou de mode de vie, ce qui peut parfois être surprenant. Seuls l'âge et la distance sont pris en considération par les algorithmes. Cependant, il peut arriver que des profils ne respectant pas vos critères de proximité apparaissent tout de même. Par exemple, si vous êtes un homme en Belgique et que vous avez défini une limite de recherche de 40 km, il se peut que le profil d'une femme résidant à Moscou, à plus de 2500 km de distance, s'affiche. Comment cela peut-il s'expliquer ? Il est probable qu'elle ait temporairement séjourné dans votre région.

Veuillez noter que la majeure partie de vos préférences et critères de sélection ne sont fournis qu'à titre indicatif pour les personnes qui consultent votre profil. Elles ne peuvent être prises en considération dans leur intégralité par les algorithmes, car cela deviendrait excessivement restrictif et limiterait la possibilité de vous proposer un nombre de profils acceptables.

Qu'en disent nos témoins ?

Les femmes occidentales de plus de 35 ans de notre panel nous ont révélé les cinq critères qui influencent prioritairement leur choix de liker ou pas un profil. Après pondération, par ordre d'importance, elles regardent:

1. les centres d'intérêt et passions;
2. la taille;
3. la consommation de tabac;
4. la localisation;
5. le niveau d'études.

CHAPITRE 2

LES PRINCIPES DE BASE

Certains principes de base accompagnent les applications et les sites de rencontre, et nous croyons qu'il est important d'en saisir toutes les nuances et les subtilités afin d'éviter de créer inutilement des attentes, de générer des déceptions… ou de sortir votre carte de crédit pour des abonnements inutiles. Voyons-les en détail.

À long terme ou pas?

Les réseaux Click & Love s'utilisent pour trouver des relations à long terme ou des rencontres légères, suivant vos aspirations. Selon la plateforme, vous aurez le choix entre plusieurs options: « Relation amoureuse », « Rien de très sérieux », « On verra » (Happn, Bumble) et même « Mariage » ou « Ignorer » (Bumble). Sur Tinder, on peut choisir entre « Une relation sérieuse », « Long terme, OK pour court », « Court terme, OK pour long », « Rien de très sérieux », « À me faire des amis » et « Je ne sais pas trop »…

Il est important d'être clair sur ce que vous recherchez dans votre profil pour éviter toute confusion ou malentendu avec vos correspondants. C'est un critère majeur de choix des profils. Quelqu'un qui recherche une relation sérieuse et donc durable ne likera pas un profil qui affiche « Ne sait pas trop » ou « Rien de très sérieux ». Chacun gagne du temps et on évite les reproches ultérieurs liés à une tromperie sur les attentes mutuelles. Le « On verra » est bien pratique pour les indécis. C'est un moindre mal. Il en est de même pour l'orientation et les préférences sexuelles... Soyez vigilant !

Une autre catégorie plus opaque existe aussi : celle des personnes fourbes qui préfèrent choisir l'option « Ignorer » afin de ne pas se prononcer sur leurs intentions. Si l'autre attendait une relation constructive, cela leur évite d'avoir à se justifier en cas de « coup d'un soir » !

Tinder vous demande en plus de vous positionner et de sélectionner le type de relation souhaité : « Monogamie », « Non-monogamie éthique » (les partenaires de vie sont ouverts à d'autres rencontres à l'extérieur ou au sein du couple ; cela en accord mutuel), « Relation libre », « Relation polyamoureuse » ou « Exploration ». Assurez-vous de bien sélectionner ce que vous recherchez.

Liker ou pas ?

Les plateformes Click & Love vous permettent de swiper vers la droite pour indiquer que vous êtes intéressé par un profil. Si la personne correspondante a également swipé à droite sur votre profil, vous a liké donc, vous obtiendrez immédiatement une notification de match. À partir de là, relisez la description avec attention et si vous êtes toujours intéressé par cette personne, vous pourrez commencer à échanger des messages en utilisant la fonction de messagerie intégrée à l'application.

Vous l'aurez compris, swiper à gauche signifie que la personne présentée ne semble pas compatible avec vous ou ne répond pas à vos critères de sélection. Souvent, la première photo qui s'affiche vous semble suffisante pour décider, mais attention, les informations liées à la description devraient vous le confirmer… ou l'infirmer !

Être trop impulsif est une erreur courante sur les applis Click & Love. Si vous ne likez ou swipez à droite ou à gauche qu'en fonction de l'apparence physique (sur photo), vous pourriez manquer de belles opportunités de rencontres. Suspendez votre réflexe au moment même où vous vous apprêtez à liker un profil à la plastique irréprochable ou à disliker un profil repoussant de prime abord. Prenez le temps de lire les biographies et les centres d'intérêt des utilisateurs. Ainsi, vous réaliserez peut-être que la première impression était la bonne… ou pas !

Super Liker ou pas ?

Le Super Like est un moyen de montrer à un utilisateur que vous avez particulièrement apprécié son profil. Il reçoit ainsi une notification spéciale. Bien que cela puisse sembler être une fonctionnalité intéressante, ne soyez pas trop généreux avec vos Super Likes, car ils entrent dans le cadre d'un abonnement payant et sont limités. Gardez-les pour des profils qui vous plaisent vraiment et avec lesquels vous croyez avoir une connexion. Ne pensez pas que l'utilisation d'un Super Like signifie que l'autre sera automatiquement intéressé par vous. Utilisez-les comme un moyen d'exprimer votre intérêt, mais ne soyez pas surpris si cela ne se traduit pas par une réciprocité.

Matcher ou pas ?

Nous rappelons que lorsqu'une notification de match se présente à vous, c'est que vous avez liké la personne, qui en a fait tout autant de son côté au préalable, sans que vous le sachiez. La dénomination Match n'est pas commune à tous les sites ou applis : sur Happn, par exemple, cela s'appelle un Crush.

Selon les plateformes, l'un ou l'autre devra ou pourra commencer à engager le dialogue. Chez Bumble, qui est davantage une appli hétéro, la femme a la primeur. En cas de like réciproque, seule la femme a la possibilité, durant 24 heures, d'autoriser et d'engager la discussion. En retour, l'homme a la possibilité de lui octroyer 24 heures supplémentaires si elle ne le fait pas dans le temps imparti. Certaines femmes ne sont pas promptes à engager le premier pas dans la vie courante. Ce système leur permet d'être rassurées et de savoir qu'elles peuvent contrôler le processus sans risquer d'être harcelées.

Quelques chiffres

Concernant les taux de match, les statistiques de Tinder, Bumble et Happn sont… les mêmes ! Les hommes obtiennent en moyenne 1 match sur 40 likes. Les femmes, 1 match sur 2 likes. Sacrée différence ! Les femmes likent en moyenne 1 profil sur 16. Les hommes likent en moyenne 1 profil sur 3. Ce qui pourrait signifier que beaucoup d'entre eux swipent systématiquement à droite pour liker des profils de femmes sans discernement, mais que l'algorithme prendra tout de même en compte. D'après ces statistiques, la majorité des hommes, quelle que soit l'application utilisée, décrochent donc très peu de matchs.

Payer ou pas ?

Les personnes qui décident d'opter pour un compte payant ont la possibilité d'avoir un nombre de likes journaliers quasi illimité. Un autre avantage est l'accès à des filtres comme « non-fumeur », « type précis de relation recherchée », « religion », etc. Par ailleurs, si vous optez pour un abonnement, vous pourrez voir le détail des profils qui vous ont liké. Tant que vous ne payez pas un abonnement, vous avez l'information du nombre de likes reçus, mais aucune information sur l'individu : tout est flouté. Cela peut être ressenti comme une frustration. Dès lors, la plateforme vous suggère de vous abonner… en payant !

En vous abonnant, les applis et les sites Click & Love vous offrent plusieurs options de durée avec un prix dégressif. Ainsi, on vous propose un abonnement entre une semaine et… un an. Ce qui est assez paradoxal pour ceux qui veulent trouver l'amour, puisqu'on imagine que ces applis sont là pour nous amener à justement trouver notre *alter ego*. Mais ce paradoxe ne s'applique pas à ceux qui ne recherchent pas l'Amour avec un grand « A ». Toutefois, nous croyons qu'il n'y a aucun intérêt à découvrir les profils qui vous ont liké puisque, ne les ayant pas liké vous-même, ce sont de toute évidence des profils qui ne vous intéressent guère !

Quelques chiffres

Parmi les 42 millions d'utilisateurs quotidiens de Tinder (environ 35 minutes par jour), seuls 9 millions payent un abonnement (de type Premium).

Quelles sont les étapes d'utilisation d'une plateforme Click & Love ?

1. S'inscrire (en fournissant à la plateforme des informations telles que votre état civil et votre date de naissance).
2. Choisir plusieurs photos de pied et en mode portrait, dans les différents contextes de votre vie.

3. Élaborer par écrit une description de vous et peut-être même du type de personne que vous aimeriez rencontrer.
4. Remplir le questionnaire précis concernant des informations de base telles que votre âge, votre taille, votre consommation éventuelle d'alcool et de tabac, votre régime alimentaire, votre niveau d'études, vos activités physiques, etc.
5. Faire vérifier votre profil par le système à l'aide d'un selfie spécifique. Ainsi, un mini-logo s'installera à côté de votre nom ou pseudo.
6. Regarder les autres profils qui se présentent et les liker ou disliker.
7. Engager la conversation par écrit lorsqu'il y a un match.
8. Passer ou non sur une messagerie directe telle que WhatsApp, Facebook Messenger, Signal ou Telegram pour converser.
9. Proposer à votre match, si tout va bien, un entretien au téléphone puis peut-être, pendant le dialogue, de poursuivre en visio.
10. Suggérer une rencontre dans la semaine, sans trop attendre, si l'attirance se confirme.

La note des auteurs

Attention ! Étant donné la position prédominante de Facebook Messenger sur le marché des messageries au Québec, il est recommandé d'opter pour des services de messagerie plus sécurisants et confidentiels, tels que WhatsApp ou Signal. Ces applications préservent mieux votre vie privée et sont donc préférables pour les premiers échanges hors des plateformes Click & Love.

Quel moment de la semaine est le plus propice aux échanges?

En semaine, en France, au Canada et en Suisse, les utilisateurs préfèrent se connecter entre 19 h et 22 h, alors que les Belges commenceraient à 18 h. Aux États-Unis, les heures de pointe, en semaine toujours, sont de 18 h à 21 h. On remarque également une activité accrue les dimanches soir dans tous ces pays.

Cependant, notez que votre visibilité sur l'application augmente à mesure que vous y investissez du temps, que vous y interagissez, ou que vous y initiez la conversation, influençant ainsi positivement l'algorithme. Il est toutefois important d'être sélectif sur les plateformes Click & Love et d'éviter systématiquement de converser avec les personnes qui ne vous plaisent pas suffisamment. Vous éviterez de perdre du temps et de l'énergie.

PARTIE 2

POURQUOI S'INSCRIRE ?

Dans un monde où le temps est précieux et où les interactions face à face deviennent rares ou anxiogènes, les applications et les sites de rencontre offrent une solution de rechange très avantageuse. Voyons dans cette deuxième partie pourquoi certaines personnes décident de naviguer allègrement sur les différentes plateformes et pour quelles raisons d'autres hésitent à plonger.

CHAPITRE 3

POUR QUELLES RAISONS S'INSCRIRE SUR UNE PLATEFORME DE RENCONTRE ?

« Parce que j'ai accès à plein de profils » ; « Parce que c'est plus facile pour moi que de draguer dans un bar » ; « Parce que j'ai envie de rencontrer quelqu'un qui a les mêmes intérêts que moi » ; « Parce que j'ai besoin d'affection »... À la question posée en titre de chapitre, les réponses sont nombreuses et dépendent de chacun. Nous les avons regroupées en six grandes catégories.

Parce que c'est pratique !

Les plateformes Click & Love...

- sont accessibles de partout : chez soi, dans son canapé ou son lit, au travail, dans un parc, dans la rue...
- fournissent un sérieux coup de main quand, dans une vie trop active, on manque de temps pour chercher l'amour.
- diffèrent d'une approche physique et souvent intimidante, par exemple au café, lors de la pratique d'un loisir, au sport, au travail, dans les transports en commun, en discothèque... Bref, dans la vie de tous les jours.

- permettent de rencontrer des personnes que l'on n'aurait jamais croisées autrement.
- donnent l'occasion aux habitants d'une petite ville ou de la campagne de rencontrer des personnes géographiquement éloignées.
- permettent d'élargir son champ de recherche afin de sortir de son cercle social habituel ou d'éviter les relations entre collègues !
- contribuent à sortir éventuellement d'un secteur professionnel entièrement masculin ou féminin.
- offrent la possibilité de consulter des centaines de profils quotidiennement, alors que cela est impossible dans la vie de tous les jours.
- permettent de s'octroyer une nouvelle liberté d'action en toute discrétion. C'est particulièrement pratique pour les timides et les professionnels reconnaissables, tels que les médecins, les policiers et les fonctionnaires.
- permettent d'échanger à tout moment de la journée, ce qui génère et maintient une certaine frénésie.

Qu'en disent nos témoins ?

Laetitia, 53 ans, médecin, raconte: «J'ai une vie sociale riche et variée dans une ville moyenne de 110 000 habitants. Je pratique le tango, le yoga et je sors beaucoup au restaurant ainsi qu'en boîte de nuit. Pourtant les prétendants ne se bousculent pas à ma porte !» En ce sens, les applis et les sites de rencontre l'aident grandement.

Pour rechercher de l'affection, une complicité et... l'amour!

Les plateformes Click & Love permettent…

- de combler l'envie de partager sa vie, ses activités, ses passions et/ou ses rêves…
- de rechercher l'Amour avec un grand « A ».
- d'anticiper le plaisir de se sentir aimé.e.
- d'espérer une relation sérieuse.
- d'être en quête de tendresse, sans chercher nécessairement une relation engagée.
- de rencontrer « quelqu'un de bien » qui correspond (enfin) à ses attentes, sans se fier au hasard.
- d'avoir le sentiment que quelqu'un s'intéresse à soi (c'est plutôt une conséquence à l'usage. Il n'est pas sûr que cela soit dans les motivations premières…).
- de combler sa dépendance affective (c'est une problématique sérieuse, certes, mais les plateformes de rencontre peuvent aider).
- de se caser une fois pour toutes et d'arrêter de papillonner.

Qu'en disent nos témoins?

Coline, gynéco-obstétricienne de 50 ans, a été mariée pendant 27 ans. Six mois après sa séparation, elle aspire à rencontrer un homme à sa mesure, c'est-à-dire à haut potentiel. Elle souhaite reconstruire un couple sur le long terme, car elle a besoin de se sentir en lien avec un homme qui l'aime et qu'elle aime.

Pour sortir de la solitude, de l'ennui, de la routine

Les plateformes Click & Love contribuent à…

- sortir de l'isolement géographique : le confinement lors de la crise sanitaire mondiale de la Covid-19 a été révélateur pour beaucoup d'une souffrance à vivre seul, sans rapports humains ni contacts physiques.
- combler le manque d'activités sociales.
- intégrer un nouveau cercle social (surtout dans le cas d'une récente installation dans une nouvelle région).
- amoindrir un sentiment de solitude.
- pimenter sa vie, vibrer à nouveau en recherchant des sensations fortes.
- briser l'ennui.
- sortir de la routine quotidienne (en avoir marre de « regarder seul.e Netflix tous les soirs »).
- ne pas vieillir seul.e.

Qu'en disent nos témoins ?

Claudia est une veuve retraitée, enthousiaste et dynamique. Elle confie: «Mon mari étant décédé, nos amis ne m'ont présenté personne. Je vis seule dans une grande maison en bord de mer... sur une falaise. Imaginez la sensation d'un trou noir en hiver lorsqu'on n'a personne à qui parler ou avec qui communiquer. Je ne voulais pas me plaindre à mes enfants qui, en plus, vivent tous à l'étranger. Je n'ai pas trouvé d'autres solutions pour m'aider à sortir de cette solitude que de tenter l'usage d'une application. Je suis maintenant en couple avec un veuf très attentionné.»

Pour réveiller son désir ou vivre de nouvelles expériences sexuelles

Les plateformes Click & Love permettent…

- de tester son pouvoir de séduction : à travers les likes ou les compliments reçus ainsi que les matchs (avant même les rencontres physiques).
- d'avoir des rapports sexuels.
- de se rassurer sexuellement.
- de renouer avec le désir après un manque d'appétence (libido endormie).
- de se sentir désiré.e.
- d'explorer une nouvelle sexualité.
- de s'essayer au polyamour ou à des relations libres.
- de retrouver un sentiment de jeunesse, la fébrilité de l'adolescence.
- de combler le besoin de multiplier les conquêtes (en étant « chasseur » ou « chasseresse »).
- de combler une dépendance au sexe, au plaisir, à la séduction à tout prix.
- de clarifier son identité ou orientation sexuelle en cas de doute.

Qu'en disent nos témoins ?

Laurène, 31 ans et lesbienne, explique : « Étant donné le manque de lieux de rencontres spécifiques pour les LGBTQ dans ma ville, les applis telles que Her (pour les lesbiennes), Happn et Tinder m'ouvraient un champ plus large pour échanger avec des personnes qui pouvaient me ressembler. Je me suis sentie très seule durant toute mon adolescence et j'avais besoin de confirmer mon attirance envers les femmes. Je suis

→

maintenant en couple depuis deux ans et demi avec une femme de mon âge. Nous nous sommes rencontrées grâce à une appli!»

Pour pratiquer son autothérapie

Les plateformes Click & Love permettent…

- aux personnes stressées: de réguler leur stress en cas de période difficile, de se changer les idées afin d'oublier momentanément leurs préoccupations.
- aux dépendants affectifs: de concevoir qu'il n'est pas nécessaire d'être en couple à tout prix.
- aux timides: de passer au-delà de la timidité sans devoir faire le premier pas.
- aux personnes qui cherchent à résoudre un trouble sexuel: de trouver des solutions par la rencontre d'autres personnes.
- aux individus qui ont une faible confiance en soi: de la renforcer grâce aux likes et aux matchs.

Qu'en disent nos témoins?

Vincent, 51 ans, s'est inscrit dans la semaine même de sa séparation avec son épouse: «C'était un acte symbolique pour moi. Je passais à une autre étape après 15 ans de mariage et il y avait un côté thérapeutique à cette démarche. Je me suis senti comme un gamin dans un magasin de jouets. C'était grisant. En tout premier lieu, j'ai cru qu'il me serait difficile de trouver quelqu'un qui me plaisait, mais j'ai rapidement été rassuré de l'inverse.»

Pour des raisons moins… avouables?

Certains utilisent les plateformes Click & Love pour…

- trouver le bon parti (« Je suis à la recherche d'un homme qui pourvoirait à mes besoins matériels et financiers et qui serait d'un bon milieu social »).
- s'encanailler par une relation extraconjugale, en éliminant le risque qu'elle se produise au sein du travail ou dans le cercle amical partagé avec son conjoint.
- par vengeance ou par dépit (« Il [Elle] est allé.e voir ailleurs, alors je vais me taper quelqu'un ! »).
- espionner ou vérifier si leur conjoint est sur une plateforme de rencontre.

Des émotions inévitables…

Les émotions et les sentiments qui accompagnent les premiers pas dans le monde des réseaux de rencontre sont divers et intenses. Ces émois sont pourtant naturels chez les humains en proie à toute nouvelle démarche d'ordre affectif. La froideur émotionnelle, dans ces cas-là, serait fort inquiétante…

Malgré tout, peu d'entre nous ont accès à leurs émotions et donc à leurs sentiments. Par absence de conscience précise, on utilise l'expression fourre-tout « C'est bizarre ». Or, certains témoins que nous avons interrogés à propos de leurs premiers troubles émotionnels lors de leur inscription sur des applis ou des sites de rencontre décrivent, au contraire, des émotions et sentiments spécifiques tels que la curiosité, la peur, la crainte, la réserve, l'anxiété, l'appréhension, la surprise, l'enthousiasme, l'amusement, le plaisir, l'excitation, la culpabilité, la honte, l'espoir…

Par ailleurs, une fois les réflexes de résistance puis de réticence passés, pour certaines personnes, de nouvelles émotions apparaissent à chaque étape du processus. Ainsi, la première phase qui soulève des émotions est celle, plus ou moins difficile, qui consiste à choisir des photos de soi, puis à se décrire. La deuxième étape est celle correspondant à la réception des premiers likes et la troisième est celle des échanges.

À chacun de ces moments-clés, les émotions peuvent être opposées. Nous remarquons qu'elles passent le plus souvent du négatif au positif. L'anxiété et l'appréhension accompagnent souvent le moment où l'on doit composer sa propre description et choisir ses photos; puis la curiosité et l'amusement peuvent surgir, ainsi que l'espoir. Une fois qu'on a reçu des likes, la surprise laisse place aux sentiments de plaisir et de soulagement. Cela flatte l'ego! L'excitation prend facilement le relais par la suite. À la période des premiers échanges, la crainte réapparaît, puis au moment de la rencontre, le stress surgit.

Nous aimerions porter à votre attention que certaines femmes sont dans une quête paradoxale de l'homme idéal, et que lorsqu'elles ont liké et que les mots match ou crush jaillissent soudain sur l'écran du téléphone, la peur et l'anxiété se manifestent en elles. L'inhibition s'ensuit naturellement et ces femmes hésitent alors à entrer dans la discussion, voire s'échappent en abrogeant le match aussitôt. Or, il y a un effet psychologique et émotionnel chez l'interlocuteur: celui du sentiment de rejet. Selon nous, vous pouvez et devez l'éviter!

Si vous êtes dans cette situation, prenez le temps d'une respiration et dites-vous que vous ne courez aucun risque. Mais si vraiment le match présenté ne vous convient plus, faites un petit geste compassionnel et écrivez simplement: «Je suis flattée de votre like mais les circonstances ont changé pour moi. Je vais donc décliner. Ne soyez pas offusqué de ma décision d'annuler le match. Je vous souhaite bonne continuation dans votre quête.»

CHAPITRE 4

POURQUOI CERTAINES PERSONNES FERMENT-ELLES LES PORTES D'EMBLÉE ?

L'approche des applications et sites de rencontre en ligne est inédite pour beaucoup de personnes qui sont au mitan de leur vie. On peut même dire qu'elle est anticonformiste. La simple idée de s'y intéresser génère souvent une résistance puisqu'elle donne parfois aux gens de ces générations l'impression de « faire leurs courses au supermarché » ou de consulter un « catalogue ». La morale semble être ébranlée si l'on raisonne ainsi. Ce scrupule est probablement le premier motif à la retenue observée chez certaines personnes de plus de 50, voire 40 ans, pour se lancer dans l'aventure.

L'intérêt des plateformes Click & Love est de faciliter les rencontres amoureuses, même si certains disent plus globalement qu'ils cherchent à « rencontrer des gens »… Par exemple, certains sites et applications proposent trois types de rencontres : *Date* (rencontres sentimentales), *Friends* (amitiés) et *Business* (affaires). Il vous faut donc réfléchir et être en phase avec votre objectif réel. Si vous cherchez à vous faire de nouveaux amis, comme lorsque vous déménagez dans une autre région ou pays, choisissez l'option « *Friends* » et non « *Date* ».

La note (ironique) des auteurs

Nous sommes étonnés de constater que certaines personnes cochent la case «Se faire des amis» alors que leur carte de visite, qu'on appelle le profil, est présentée dans la section «*Date*»...

De même, lors de notre petit sondage, certaines personnes nous ont dit que leur démarche n'était motivée que par la simple curiosité. Or, il nous semble que la curiosité pure n'est pas une raison suffisante pour s'inscrire sur des plateformes Click & Love. En effet, au vu des réponses que nous ont fournies nos témoins plus loin dans leur aventure, il en va de l'espérance à satisfaire autre chose…

Qu'en disent nos témoins ?

Bruno, 60 ans, raconte: «Je me suis inscrit sans grande conviction, car je préfère la spontanéité du contact physique. Je me suis finalement laissé convaincre par deux connaissances et je me suis inscrit au bout de quelques mois.»

Les femmes sont-elles réticentes?

L'argument courant retenu dans le discours des femmes mûres que nous avons rencontrées est qu'*en aucun cas,* utiliser une appli Click & Love n'était fait pour elles! Isabelle affirmait, au début de son immersion dans cette enquête, qu'un écran ne lui permettrait jamais de ressentir les vibrations qui se manifestent lors d'une rencontre en personne. Elle croyait que seule la présence physique d'un homme pouvait déclencher une telle «alchimie». C'était une fausse croyance!

Parmi les phrases entendues qui justifient la résistance des femmes, nous avons noté les *a priori* suivants :

- « On n'a pas besoin d'une appli pour trouver quelqu'un. »
- « Il n'y a que des gens louches sur ces sites. »
- « On va tomber sur des gens trop différents de nous. » (Argument énoncé par des homosexuelles.)
- « Si jamais je n'ai pas de match et que je ne rencontre personne, c'est que je ne donne pas envie. Cela va froisser mon ego. »

La plupart de nos témoins féminins disent qu'elles ont été poussées et encouragées par des connaissances à s'inscrire pour se donner une nouvelle voie pour trouver l'amour. Éprouvaient-elles au départ de la résistance ou de la réticence ?

On définit la résistance comme l'action de résister physiquement à quelqu'un, à une autorité, mais aussi de s'opposer à ce que l'on n'approuve pas. La réticence, elle, est l'attitude de quelqu'un qui hésite à dire expressément sa pensée, à donner son accord.

Nous remarquons ainsi que beaucoup de nos témoins féminins ont d'abord fait preuve de résistance pour s'inscrire, puis sont passées par une phase de réticence, pour finalement lâcher prise, stimulées ou encouragées par autrui. Avaient-elles peur de passer pour des femmes qui recherchent *activement* un homme ? Craignaient-elles qu'on les prenne pour des « femmes légères » ? La culpabilité ou même la honte sont probablement en filigrane de ce réflexe de certaines femmes de plus de 40 ans qui ont été élevées dans la religion ou dans une société fortement traditionnelle. Ce n'est peut-être plus le cas des jeunes filles actuelles, qui ont bénéficié de différents mouvements de libération, comme le féminisme.

Qu'en disent nos témoins ?

Sophie, 53 ans, témoigne: «Après une phase de résistance où je me disais que tous ces sites étaient des "baisodrômes" et que seule une rencontre physique pouvait dégager une alchimie, je me suis laissé convaincre par mon amie. Bien sûr, je ne savais pas comment me "vendre". Je voulais être moi-même sans être aguicheuse ni trop en dire. Mon amie m'a donc aidée à remplir le questionnaire. Je ressentais de l'excitation, mais aussi beaucoup de peur et de honte, avec un mélange de culpabilité puisque j'étais séparée depuis un an, après une relation de 12 ans, je n'étais pas encore divorcée officiellement. À cette culpabilité s'ajoutait celle de l'idée d'aller chasser...»

Quelle différence y a-t-il entre la honte et la culpabilité ? Sans aller trop loin dans les méandres de telles notions complexes, comprenons que la culpabilité est un sentiment courant inhérent aux concepts du bien et du mal. C'est un sentiment que l'on exprime aussi à voix haute pour signifier aux autres (à la société) que nous avons conscience d'avoir « mal fait » ou « dit ». C'est le fait de l'exprimer qui rend alors l'anxiété sous-jacente moins intense (tel un soulagement).

La honte conduit à l'inverse : on garde le silence ! Avec l'appréhension profonde que si l'on dévoile à autrui l'objet de notre vécu honteux, qui peut être par exemple un aspect physique que l'on veut garder caché, l'humanité tout entière nous rejettera. Il s'agit d'une croyance dont nous n'avons pas conscience. Et le rejet est le pire sentiment que l'humain puisse tolérer. L'évitement semble donc la meilleure solution afin de ne pas prendre le risque d'être considéré comme un individu « anormal », c'est-à-dire hors normes.

Il y a fort à parier que les femmes qui, au départ, rejetaient catégoriquement l'idée « honteuse » de s'inscrire sur un réseau de rencontre n'auraient jamais accepté de se faire courtiser par un parfait inconnu dans la rue. Elles auraient passé leur chemin sans un regard ni un sourire. Alors, comment préféreraient-elles donc être abordées ?

Il est encore mal vu, dans certaines sociétés, d'être une femme agissant pour séduire… L'appli ou le site de rencontre la déculpabilise donc de draguer et de se déclarer disponible, puisqu'elle ne le ferait jamais dans la vie réelle. Sa démarche reste discrète et la rend donc plus libre.

Nous tenons à rassurer les personnes qui hésitent à plonger. Les plateformes Click & Love sont devenues des *lieux* ; des lieux de rencontres comme le sont les cafés, les restaurants, les concerts, les boîtes de nuit ou tout autre espace social ou culturel. La seule différence est qu'ils sont virtuels. L'espace réel public n'est plus un lieu de rencontres sécurisant dans beaucoup de pays et de grandes villes. Un simple « Bonjour » dans la rue ou une invitation à boire un verre au sein d'une brasserie génère immédiatement de la méfiance et un refus systématique, sous prétexte « qu'on ne sait pas à qui on a affaire »… Et parfois à raison. Les descriptions et photos présentées dans les applis et sites de rencontre sont de véritables cartes de visite avant même de tenter une communication. C'est rassurant ! Le choix est possible, car le tri en amont l'est tout autant.

Qu'en disent nos témoins ?

Laurence, Parisienne de 51 ans, célibataire, divorcée deux fois et mère d'un fils raconte: « Je me suis inscrite la première fois deux ans et demi après ma séparation, en 2015. C'était déjà

→

dans les mœurs. Je ne sortais pas beaucoup, sauf avec des amis en couple et au club de sport. De plus, je ne veux pas mélanger le privé et le professionnel. J'ai été poussée par des amis qui en avaient une bonne expérience et qui m'ont demandé: "Pourquoi tu ne t'y inscris pas?" J'ai alors réalisé que j'avais très peu de chances d'être draguée dans la rue et que j'avais envie de séduire, de recevoir des SMS et... de retomber amoureuse! Je me suis alors dit : "Sois proactive!" et je me suis inscrite le soir même en pensant: "Qu'est-ce que j'y perds?" J'ai trouvé la démarche sympa et j'avais un espoir, confiante d'avoir un bon profil. Je suis bien conservée, j'ai un bon job, je suis jolie. Les mecs vont se battre! Même si je suis exigeante avec des critères élevés, j'ai mes chances.»

Nous avons remarqué que beaucoup de femmes ne sont pas à la recherche d'un homme pour les rendre heureuses. Elles le sont déjà. Malgré tout, elles souhaitent avoir un compagnon à leurs côtés, car elles imaginent que la vie serait encore plus agréable à deux.

En revanche, il est clair que pour certaines ultra-féministes hétérosexuelles, s'inscrire sur des plateformes Click & Love permet de clamer haut et fort qu'elles ne veulent pas « s'emmerder » avec un homme. Elles s'inscrivent pour prendre leur revanche sur le pouvoir des hommes, qui décident de leur sexualité, par exemple. Elles veulent l'égalité. D'autre part, rien ne les empêche de vouloir du sexe sans engagement. Cela règle la question avant même qu'elles ne se la posent…

Les hommes sont-ils frileux?

Les hommes sont certainement plus « chasseurs » que les femmes, et ce, depuis la nuit des temps. Sur une échelle de 1 à 10, le score de la culpabilité est probablement proche de… zéro ! Au contraire, ils auraient tendance à être fiers de concrétiser, ce qui n'empêche pas qu'un certain nombre d'hommes manquent de confiance en eux et en leurs habiletés. Ils ont alors le sentiment de ne pas être à la hauteur ou suffisamment attirants. Les perfectionnistes, qui préfèrent ne rien engager plutôt que de subir un revers, et les timides, qui n'osent faire les premiers pas, en font partie.

Or, les applis et les sites Click & Love sont des moyens peu anxiogènes de séduire. Notre conseil pour les hommes est celui-ci : il est entendu que les femmes ayant décidé de s'inscrire sur de telles plateformes sont enclines à discuter et ouvertes à la rencontre. Elles sont disposées positivement *a priori,* ce qui devrait rendre la tâche plus facile pour la gent masculine hésitante.

Une reconstruction possible ?

Notre sondage a révélé que certaines femmes consultées se sont finalement tournées vers un réseau de rencontre à la suite d'une rupture sentimentale douloureuse et difficile à dépasser psychologiquement. C'était soit parce qu'elles avaient besoin de tourner la page sur une histoire, soit parce qu'elles avaient été trompées, trahies, flouées, maltraitées, manipulées, escroquées, harcelées, soit parce qu'elles se relevaient d'un divorce ou d'un deuil à la suite d'un décès. Les délais pour se reconstruire oscillent généralement entre six mois et quatre ans. Évidemment, selon la nature de la relation précédente, la phase de reconstruction est courte ou longue. Pour certaines femmes non dénuées de libido, rebondir en étant proactives est probablement le meilleur moyen de surmonter leurs souffrances. Cela évoque la notion de « relation pansement »…

Nous avons également remarqué que pour les femmes sortant d'une procédure de divorce, avec ou sans enfants à charge, retrouver confiance dans les relations sentimentales est plus problématique. Beaucoup ne se sentent plus désirables ni même dignes d'intérêt. Ainsi, des années passent avant qu'elles se sentent suffisamment « reconstruites »... Sans compter l'appréhension de s'engager dans une nouvelle relation potentiellement catastrophique et donc de retomber dans la souffrance.

À noter que les hommes peuvent ressentir la même crainte. Ceux qui ont souffert de relations houleuses passées sont plus fréquents qu'on ne l'imagine. Bien souvent, leurs souffrances se transforment en une douleur profonde et durable. Elles peuvent même initier un nouveau mode de fonctionnement dans leurs futures relations sentimentales et amoureuses. Le conditionnement ayant opéré, la peur de revivre une histoire similaire à celle qui les a traumatisés les amène à ne plus s'engager, voire à douter de retrouver un amour vrai et sincère...

Autrement dit, une expérience traumatisante générera un réflexe de peur et d'évitement autant chez les hommes que chez les femmes. Il s'agit d'un mécanisme d'autoprotection. Cela dit, notre enquête montre que les hommes sont moins frileux à l'idée de s'inscrire sur les applis Click & Love. Ils ont rarement besoin d'être poussés ou convaincus.

PARTIE 3

COMMENT CRÉER UN PROFIL ATTRACTIF ?

La clé pour obtenir des matchs ou des crushs est de créer un profil attrayant ! Il est donc essentiel de remplir correctement le vôtre. Les utilisateurs qui ne le font pas ou qui présentent un profil incomplet ont moins de chances d'attirer les bonnes personnes. Votre première réflexion va se porter sur le choix entre l'utilisation de votre prénom, d'un diminutif ou d'un pseudo original qui déclenchera la curiosité des personnes qui accéderont à votre profil. Puis, vous aurez à proposer plusieurs photos de qualité qui vous représentent fidèlement et à offrir des informations pertinentes sur votre profil. Votre objectif est de l'optimiser sans transformer la réalité !

CHAPITRE 5

SÉLECTIONNEZ DE BONNES PHOTOS!

Avant même de vous guider afin de choisir les bons clichés, prenez en compte que toutes les photos ne se valent pas pour stimuler l'intérêt! Une photo sans tête zoomée sur une partie de votre anatomie (torse, yeux, mains, pieds) ou uniquement des photos de paysages ou d'animaux sont généralement problématiques. La photo unique est à proscrire ainsi que la série de photos uniquement en portrait.

Quelles photos choisir?

Il faudrait au moins un cliché où le visage apparaît clairement, sans lunettes ni chapeau. D'ailleurs, nous recommandons trois photos *a minima*: une de votre visage, une de plein-pied pour voir votre silhouette et votre style vestimentaire, et une vous montrant en activité, pas nécessairement sportive.

Attention, rédhibitoire!

Lorsque toutes les photos sont prises avec des lunettes de soleil, sans jamais montrer le regard, ou avec une casquette ou un bonnet pour cacher les cheveux... et surtout leur absence!

Abstenez-vous d'utiliser des photos qui ne vous ressemblent pas vraiment ou qui ont été prises il y a longtemps. Présentez uniquement des photos datant d'un an maximum. Elles ne doivent pas être trompeuses et, donc, prohibez l'usage des filtres de portrait… Soyez intègre.

Sélectionnez des photos de bonne qualité, nettes et claires, pour montrer votre apparence physique. Évitez qu'elles soient floues ou mal éclairées. Ne vous montrez pas non plus dans l'ombre ou de dos, car le mystère n'attire pas tout le monde !

Évitez certaines erreurs que beaucoup de personnes commettent sur les plateformes Click & Love. Bien que les selfies soient courants, ils ne sont pas toujours judicieux, du fait de leurs filtres automatiques ou autres déformations. Dans tous les cas, évitez les selfies flous. De plus, le fait de ne proposer que des clichés en mode selfie pris à l'occasion de votre inscription, et donc en tenue vestimentaire identique, dénoterait un empressement vain. Bannissez les selfies devant le miroir, particulièrement celui de la salle de bain ou de l'ascenseur ; il est souvent mal éclairé, sans compter que cela manque d'originalité.

Présentez au moins une photo où vous souriez. Cela donne un aspect sympathique et engageant à votre personne. Si vous êtes complexé par votre dentition, contentez-vous simplement d'arborer un sourire à la Mona Lisa.

Qu'en disent nos témoins ?

Vincent nous confie que choisir des photos fut extrêmement difficile. Il a refait son profil à plusieurs reprises: « C'était la cata, car je ne suis pas photogénique, je n'avais reçu aucun like, si bien qu'une de mes amies m'a pris en main. Elle m'a obligé à sourire et a repris des clichés de moi bien meilleurs que les précédents. Les likes sont enfin apparus…»

Attention aux arrière-plans!

Soyez attentif à l'arrière-plan lors de vos prises de vue. Il est préférable que celui-ci représente des contextes réels de votre vie. Les arrière-plans suivants sont à proscrire:

- un lieu lugubre ou sale (un chantier, un immeuble en construction, un cimetière, etc.);
- un fond uni, sans contexte social;
- un appartement mal rangé dans lequel on voit la corbeille à linge, les sacs de courses, les poubelles, les vêtements laissés çà et là, etc.;
- un appartement à l'ameublement médiocre ou vieillot;
- une salle de bain;
- un ascenseur;
- devant le bazar de la cuisine;
- un garage;
- au volant d'une voiture de luxe (c'est très ostentatoire).

Modifiez la profondeur de champ en floutant l'arrière-plan si votre appareil le permet. Si l'arrière-plan est trop surchargé et distrayant, il risque de détourner l'œil de l'observateur.

Essayez de montrer différentes facettes de votre personnalité en utilisant des photos de vous avec des arrière-plans ou dans des contextes différents, comme lors d'une activité sportive, sociale ou culturelle, en voyage, dans la nature, etc. En effet, les clichés doivent permettre d'entrevoir vos centres d'intérêt, vos habitudes ou votre style de vie.

Qu'en disent nos témoins ?

Virginie, une Belge de 43 ans, raconte: « J'ai eu une grande difficulté à trouver des photos potables de moi. J'ai alors réalisé que je ne sortais pas ! Les dernières dataient de l'été précédent, il y a un an. J'ai choisi les plus claires, colorées, devant l'océan, et une autre dans un lieu feutré avec un verre de vin, et un portrait. »

Apparaître dans un contexte amical permet aussi de laisser entrevoir votre facilité à créer des liens sociaux. Cependant, méfiez-vous des photos de groupe confuses ; on doit tout de même pouvoir vous identifier. N'oubliez pas de flouter les visages des personnes qui vous entourent (cette option est offerte dans la majorité des téléphones cellulaires). Aussi, évitez de vous montrer entouré de personnes dans un contexte de beuverie joyeuse, car cela ne fait pas nécessairement « rêver » !

CHAPITRE 6

RÉDIGEZ UNE BIOGRAPHIE INTÉRESSANTE ET ACCROCHEUSE

La création d'une bio pour votre profil peut vous sembler banale, inutile ou compliquée, mais c'est en réalité un élément crucial pour attirer l'attention et susciter l'intérêt de vos potentiels matchs.

Ne pas écrire de bio serait une erreur. En effet, c'est une occasion de présenter votre personnalité. Ne laissez pas un espace vide ! Selon la plateforme utilisée, il vous est demandé de vous décrire sous la rubrique préétablie « À propos de moi » (Tinder, Bumble), « Ma bio » (OkCupid), « Bio » (Fruitz), « En quelques mots » (Happn). Quel que soit l'appli ou le site, dans tous les cas, c'est la même proposition. Attention : certaines plateformes limitent le nombre de caractères.

Attention, rédhibitoire !

Si un homme ne propose pas un minimum de description de lui-même, il s'autoélimine indéniablement de toute sélection féminine.

Connais-toi toi-même!

La difficulté à se décrire est courante et elle tient à plusieurs facteurs. Tout d'abord, répondre à une question ouverte, telle que « Parlez-nous de vous » ne fait référence à aucune règle ni exercice connus, sauf lors d'un recrutement professionnel. En outre, comment parler de soi si vous ne savez pas qui vous êtes vraiment ? Comment exprimer vos besoins et vos attentes si vous n'en prenez pas conscience ? Croyez-vous que seuls les autres sont en droit de vous définir ? Pour autant, vous reconnaissez-vous des qualités ? Ou à l'inverse, craignez-vous de paraître prétentieux ? Ou peut-être de trop vous dévoiler ? ...

Qu'en disent nos témoins ?

Claudia, parlant de son inscription sur Parship, raconte: «Je me suis obligée à réfléchir sur moi-même au moment où il fallait se décrire librement. J'ai trouvé la tâche difficile mais intéressante. Je craignais de trop me vanter, alors que paradoxalement, j'hésitais à reconnaître mes qualités, n'ayant jamais eu une grande estime de moi. Ma mère me répétait "ma pauvre fille" depuis l'enfance, ce qui n'aide pas à se valoriser...»

Faut-il parler aussi de vos défauts ou de vos particularités ? Autant de questions qui représentent un frein, car l'idée de devoir « se vendre » est dérangeante... L'aspect « catalogue » des présentations en vitrine des profils est déjà suffisamment perturbant pour beaucoup.

Qu'en disent nos témoins ?

Flory, 34 ans, explique: «Ce qui a été difficile, pour moi, c'est de ne pas être trop catégorique. Je suis très écolo et féministe. Je ne savais pas s'il était judicieux de le mentionner. Je me suis inspirée des profils des copines déjà inscrites.»

Évitez les phrases vides

Ne vous lancez pas dans les citations, les proverbes ou les poèmes. Un proverbe ou une citation ne créent pas d'intérêt à la lecture, ne serait-ce que parce qu'ils ne démontrent aucune créativité ni caractéristiques vous concernant. Nous avons déjà lu, comme seule indication dans la bio d'un homme : « Il faut porter le chaos en soi pour accoucher d'une étoile qui danse. » Elle nous a laissés dubitatifs… De même, les moins sophistiqués « Qui ne tente rien n'a rien » et « Qui vivra verra » nous semblent totalement inutiles.

Proches des citations picorées çà et là, les phrases toutes faites sont pléthore. Superflues et stériles, elles sont autant de prétextes pour ne pas se dévoiler. Ne faites pas usage des phrases clichés qui ne révèlent rien sur vous, telles que : « Au plaisir de prendre un café », « Pour construire notre avenir ensemble et partager des moments inoubliables » ou « Souhaite faire connaissance et l'avenir nous dira si nous allons dans la même direction ». Mais faire connaissance n'est-il pas justement le but visé ? Certaines formulations deviennent indéniablement inutiles, car évidentes, puisque vous vous inscrivez sur une plateforme Click & Love.

De la même manière, proscrivez les phrases telles que : « On n'est pas à l'abri d'une belle surprise », « À la recherche de mon évidence » ou pire : « Coucou toi… ». Ne vous en déplaise, ce sont tous des exemples véridiques ! Ces propos sont insignifiants et engendrent l'effet inverse à celui qui est escompté. Ils ne susciteront que peu d'intérêt chez l'interlocuteur potentiel, qui ne cherchera pas à vous connaître et ne sera aucunement stimulé.

Attention, rédhibitoire!

Selon les témoins hommes de notre panel, voici ce qui est problématique dans les biographies qu'ils découvrent:

- les fautes d'orthographe et de grammaire: «Ça me fait saigner des yeux!» affirme l'un de nos témoins. «Par exemple, les confusions entre le participe passé et l'infinitif: pourquoi ne pas se donner la peine de corriger ses écrits? Si la personne ne le fait pas, au bout de cinq messages, je la ghoste!» nous dit Tom, 20 ans. «Si quelqu'un confond les règles grammaticales, cela me dérange, car je me dis qu'il ne cherche pas à s'améliorer», affirme Théo, 25 ans;
- l'écriture phonétique: par exemple, «g» au lieu de «j'ai»;
- la personne qui se décrit ainsi: «Je suis…» + «Je veux que mon mec soit…»;
- toute personne qui écrit: «Je suis désagréable à vivre, je ne souris pas», Tom, 20 ans, ajoute toutefois: «Mais ce ne serait pas rédhibitoire si elle était super belle!»;
- la femme qui tient des propos désagréables envers la gent masculine: «Ceux qui cherchent un plan d'un soir, passez votre chemin! Cela ne sert à rien.» Un de nos témoins explique: «On se fait engueuler par avance!»;
- l'utilisation constante de phrases négatives: «Je n'aime pas», «Je ne veux pas»…;
- la vantardise: «Je suis belle, intelligente […] Vous avez tout à y gagner»;
- le recours à trop d'éléments spirituels, comme «âme sœur»;

- l'utilisation de proverbes et autres phrases impersonnelles qui offrent des références externes à sa propre pensée ;
- la mention *Carpe diem* ;
- l'humour non adapté à une première présentation ;
- la femme très (trop) sportive. « Elle veut un sportif et je n'en suis pas un », se désole l'un de nos témoins ;
- la femme carriériste pour qui l'homme est juste un accessoire ;
- la femme qui ment. « Si elle a menti, c'est un carton rouge à la rencontre », affirme un autre de nos témoins ;
- la femme qui cherche un « plan cul ».

Selon les témoins femmes de notre panel, voici ce qui est problématique dans les biographies qu'elles découvrent :

- les nombreuses fautes d'orthographe ;
- les erreurs de syntaxe et de ponctuation ;
- celui qui écrit… qu'il ne veut pas se décrire ;
- un homme qui ne mentionne que le type de femme qu'il recherche, sans parler de lui-même ;
- à l'inverse, l'individu trop imbu de sa personne qui se décrit avec trop de perfection ;
- l'unique présence d'émoticônes (attention : l'utilisation exagérée d'émoticônes peut être considérée comme un manque de respect, alors qu'il s'agit peut-être de la crainte de mal s'exprimer à l'écrit. Quoi qu'il en soit, un émoji ne devrait être utilisé que pour exprimer des émotions et des sentiments) ;
- la personne qui a l'air d'être dans une quête désespérée (qui promet d'être fidèle, par exemple) ;
- la liste stéréotypée de qualités attribuées à l'homme idéal (« Je suis un homme honnête, sincère… ») ;

- tout individu qui se dit complotiste, anti-vaccination, anarchiste, etc. ;
- la mention de versets religieux ;
- lorsqu'il n'y a qu'une citation ou un proverbe, sans autre description personnelle ;
- l'humour trop décalé.

Qu'en disent nos témoins ?

Sandrine, 48 ans, s'irrite systématiquement de constater les fautes d'orthographe et de grammaire des profils masculins, « particulièrement dans les accords de participes passés. Je me dis que cela commence très mal, car je ne manquerai pas de le lui faire remarquer. Je m'abstiens donc de swiper à droite ».

Comment créer une bonne bio ?

La première étape est de déterminer ce qui vous rend unique et spécial. Qu'est-ce qui vous passionne ? Quelles sont vos activités préférées ? Vos talents ? Vos valeurs ? Une fois que vous avez identifié ces éléments-clés, vous pouvez les inclure dans votre bio.

Cependant, il est important de ne pas se contenter de simples énumérations de vos hobbies ou intérêts, tels que « Rando », « Pêche », « Concerts », « Resto ». Essayez plutôt de les présenter dans un phrasé intéressant et original. Cela peut être par exemple l'envie de partager un voyage ou une destination qui vous tient particulièrement à cœur.

Il est également important d'être authentique et honnête. N'essayez pas de paraître ce que vous n'êtes pas. Si vous êtes plutôt introverti, ne vous présentez pas comme le roi de la fête.

La note des auteurs

À ce titre, Virginie, 43 ans, fait preuve de franchise en écrivant uniquement l'aspect suivant: «Je suis séparée avec deux enfants en garde alternée.» La mention de cet élément nous semble fondamentale. Mais elle n'a pas su se décrire autrement et finalement se dévalorise, malgré l'honnêteté de sa démarche. Elle aurait avantage à tourner sa phrase de façon positive, comme: «Heureuse maman de deux enfants adorables en garde alternée, je suis prête et disponible pour partager mon bonheur...»

Vous pouvez décrire le profil que vous recherchez, ou vous présenter à travers des adjectifs ou des phrases courtes, mais explicites. Et pourquoi pas une combinaison des deux?

Sans juger du contenu, mais uniquement de la présentation sincère d'eux-mêmes et de leurs attentes, voici quelques exemples de bios d'hommes et de femmes que nous avons trouvées et aimées:

Exemple 1: « Je suis un aventurier passionné de sports extrêmes et de voyages. J'aime aussi les moments calmes et les soirées cosy. Je suis ici pour rencontrer une personne authentique avec qui je pourrais partager mes passions. »

Exemple 2: « Je suis un amateur de gastronomie et de grands vins. J'adore également l'art et la musique, en particulier le jazz. »

Exemple 3: « Amatrice de livres, de films indépendants et de discussions profondes, je suis toujours partante pour découvrir de nouvelles cultures. Je suis également une grande adepte de la cuisine et des soirées conviviales entre amis. Je recherche un homme sociable, dynamique, ouvert d'esprit et curieux. »

Exemple 4 : « Entrepreneuse lyonnaise, aussi active qu'à l'aise dans les voluptés de la méditation. Créative, enjouée, positive, indépendante, libre et… heureuse de l'offrir aux autres. Trois grands enfants sublimes, heureux et indépendants. Si je devais être épanouie à deux, ce serait avec un homme bien dans sa peau, ambitieux, aimant les échanges profonds dans une écoute réciproque, une sexualité raffinée, ouvert d'esprit et à l'aise dans tous les milieux et ayant les codes du mien (de culture aristo-catho). »

La longueur du texte vous décrivant a un impact sur ceux qui vous lisent. Mieux vaut une description longue et consistante que longue et vide de sens ou… pire, courte et inconsistante, telle une série d'émoticônes ou une simple citation !

La note des auteurs

Si vous êtes doté d'un bon sens de l'humour, n'hésitez pas à le distiller dans votre profil. Les gens aiment sourire à des propos intelligents et fins. Nous apprécions tous une touche d'humour utilisée avec parcimonie. Alors que dire de ceux qui ont de l'esprit ! Ainsi, un homme de 43 ans écrit : « Trentenaire bien avancé dans la quarantaine, je suis autonome, j'arrive à bout des bocaux récalcitrants, je maîtrise la cuisson du magret et je sais enfiler une housse de couette aussi bien que rénover une maison. Je sauve les chatons en détresse. »

CHAPITRE 7

REMPLISSEZ HONNÊTEMENT VOS INFORMATIONS PERSONNELLES

Les plateformes de rencontre vous demandent toutes d'ajouter des informations de base pertinentes. Il s'agit de mentionner, si vous le souhaitez, votre âge, votre niveau d'études ou domaine professionnel, votre ville de résidence, votre taille, vos centres d'intérêt, etc.

Ne mentez sur aucun de ces aspects, ni sur tout autre détail important de votre vie. Certaines personnes vont jusqu'à se rajeunir de 10 ans ! Nous considérons qu'il y a une forme de tromperie au-delà de deux ou trois ans en moins. Les femmes sont particulièrement sensibles et intolérantes aux mensonges, au-delà même du contenu caché. C'est un mauvais calcul ; tout mensonge découvert fera planer une suspicion sur le reste des aspects présentés…

Le choix des filtres

Ce que l'on appelle « filtres » dans les applis et les sites Click & Love, ce sont les critères et donc les options à cocher lors de la création d'un profil. À noter que les termes diffèrent selon les plateformes. Afin de ne pas vous noyer dans une somme faramineuse d'options que les divers réseaux proposent, nous choisissons l'exemple des informations de base demandées par Bumble et d'autres applications plus courantes. À vous de sélectionner celles qui vous correspondent le mieux. Elles sont modifiables à souhait.

À quel genre appartenez-vous et quel genre recherchez-vous?
« Homme », « Femme », « Tout le monde », « Non binaire ».

Quelle est votre orientation sexuelle ?
« Hétéro », « Gay », « Lesbienne », « Bisexuel.le », « Asexuel.le », « Demisexuel.le », « Pansexuel.le », « Queer », « En questionnement », « Aromantique », « Omnisexue.le ». Ces dénominations posent question pour certaines personnes et nous avons effectué quelques recherches.

- L'asexuel est une personne qui ne ressent pas ou très peu d'attirance sexuelle envers quiconque, indépendamment du genre.
- Le demisexuel est une personne qui ne ressent de l'attirance sexuelle qu'après avoir formé un lien émotionnel fort avec une autre personne.
- Le pansexuel est attiré sexuellement ou romantiquement par des personnes de tous genres.
- Queer est un terme qui englobe toute orientation sexuelle ou identité de genre non hétéronormative. Cela n'est pas limité à être gay, lesbienne, bisexuel, transgenre ou non binaire.
- L'aromantique est une personne qui éprouve peu ou pas d'attirance romantique, quel que soit le genre. Elle a de l'attirance uniquement d'ordre sexuel.
- L'omnisexuel ou polysexuel est une personne qui ressent une attirance envers plusieurs genres, mais pas nécessairement tous, souvent avec une préférence pour certains. Aussi, le

polyamour, selon le Larousse, est « le fait de vivre une relation intime (amoureuse et/ou sexuelle) durable avec plusieurs partenaires en parallèle, de manière consensuelle, franche et assumée ».

Quelle tranche d'âge préférez-vous?

Quelles sont vos limites inférieures et supérieures d'âge ? Une étendue de plage trop vaste vous conduira certainement à parcourir des profils que vous écarterez d'emblée.

> ## Qu'en disent nos témoins ?
>
> Beaucoup ont modifié à l'usage la tranche d'âge privilégiée qu'ils avaient inscrite au départ. Martine, du Québec, 58 ans, avait tablé sur une plage entre 47 et 65 ans. « Même si les beaux hommes de 65 ans sont rares, j'ai laissé ce *maxima*, mais je suis passée de 47 à 55 ans minimum. Je pense qu'un homme de 50 ans est finalement trop jeune pour moi, qui recherche quelqu'un avec de l'expérience de vie ».

Quelle est la distance maximale avec vous?

La distance maximale est un facteur crucial à prendre en compte lors de vos rencontres en ligne. Elle dépend de vos préférences personnelles et de vos dispositions à entretenir une relation à distance.

Pour certains, l'éloignement géographique n'est pas un obstacle et ils sont prêts à s'engager dans une relation à distance. Cela peut être une occasion d'explorer de nouvelles contrées et de sortir des sentiers battus. Établir une connexion profonde est possible malgré la distance physique. Pour d'autres, l'éloignement, qui empêche les contacts physiques réguliers, représente une souffrance qu'il est compliqué et difficile à supporter sur la durée. De fait, rencontrer des personnes à proximité de chez soi facilite un contact plus rapide, puis la possibilité de partager des activités régulières.

Qu'en disent nos témoins ?

Les résidents de très grandes villes ou de la capitale déclarent rechercher un.e partenaire à moins de 5 kilomètres. Ceux de province et de la campagne, entre 30 et 50 km (pour atteindre la grande ville la plus proche). Cependant, après plusieurs rencontres, la tendance a été de diminuer progressivement la zone de proximité souhaitée. En effet, une trop grande distance ne laisse pas place à l'imprévu ou aux opportunités de se retrouver facilement à la dernière minute. Mais Claudia, 78 ans actuellement, et qui s'était inscrite à 70 ans, avait mis sa limite géographique à… 450 km ! Juste pour le plaisir de conduire depuis la Normandie… Il s'agit tout de même d'un cas rare.

Quel type de relation cherchez-vous?

« Rien de sérieux », « Me faire des amis », « Court terme », « Long terme », « On verra », « Relation sérieuse », « Je ne sais pas trop »… Mais aussi, sur Tinder, on trouve dans cette catégorie « Monogamie », « Non-monogamie éthique », « Relation libre », « Relation polyamoureuse » et « Exploration ».

Que vous espériez une relation sérieuse ou une aventure, soyez clair sur vos intentions. Cela vous aidera à attirer des personnes qui correspondent à vos critères et qui s'intéressent à qui vous êtes réellement. Cependant, certains constateront qu'avec le temps, leurs intentions premières ont évolué. C'est courant. Ce sera le moment pour eux de revenir à leur profil et d'adopter un autre discours dans leur description libre, ou de cocher une autre case relative au type de relation recherché.

Quels sont vos centres d'intérêt et vos passions?

La liste des centres d'intérêt proposée sur les plateformes Click & Love est souvent longue (150 éléments environ). Malheureusement, elles ne nous autorisent à n'en cocher que quelques-uns (cinq chez Bumble). Pour les plus passionnés et actifs, il est assez frustrant d'être ainsi limités. Il faut malheureusement s'en contenter… Ce qui est inscrit sur un profil est censé représenter les intérêts prépondérants; ne les confondez pas avec ce que vous aimez simplement faire.

Mentionner vos hobbies ou passions dans votre profil peut être une excellente façon de susciter des intérêts communs et de créer des connexions significatives. Cependant, il est important de reconnaître qu'il n'est pas nécessaire de partager toutes vos activités préférées pour vivre une belle relation. Voici pourquoi nous vous conseillons d'adopter une approche plus flexible dans votre présentation. Cela vous évitera de vous fermer des portes inutilement et vous permettra certainement de découvrir de nouveaux horizons. Toutefois, si votre mode de vie exige le partage impératif de certaines passions, vous devez l'expliquer très clairement dans votre profil. Cela peut aller du théâtre, de la photographie, de la navigation, du golf aux jeux de société.

Voici quelques conseils spécifiques pour aborder les éléments que vous souhaitez mentionner. Si la randonnée, la moto ou le vélo sont vos passions, parlez-en de manière enthousiaste et sincère dans votre bio. Voici quelques exemples: « Passionné par la randonnée et la nature, j'aimerais partager cette activité avec une personne aguerrie… ou non ! » ; « Féru de moto, rien ne vaut une balade sur les routes de campagne. Si vous partagez ce plaisir à deux roues, rejoignez-moi pour une escapade ! », ou encore : « Habitué de l'aventure à vélo, que diriez-vous d'explorer de nouveaux sentiers ensemble et de créer des souvenirs au rythme de nos pédales ? »

Soyez authentique en partageant ce que vous aimez réellement. Il est conseillé d'adjoindre une photo de vous en rapport avec l'activité énoncée (à condition que vous la pratiquiez régulièrement).

La note des auteurs

Les mentions «Faire le tour des cafés», «Bar», «Netflix», «Pizza», «Chat», «Tatouages», «Gin», etc. désignées comme «passions» dans votre liste peuvent repousser ! Certaines activités ne font pas rêver. Elles pourraient même être considérées comme addictives. Ne les indiquez dans la section des centres d'intérêt (limités, nous le rappelons) que s'il s'agit d'un mode de vie ou d'habitudes que vous n'êtes pas prêt à sacrifier.

À quelle fréquence pratiquez-vous des activités physiques et sportives?

Cochez la fréquence de vos activités physiques et sportives : « Souvent », « Parfois », « Presque jamais » (sur Bumble). Et soyez clair sur les envies de partage ou non des activités sportives que vous pratiquez. Si vous participez à des marathons, à des sports d'équipe ou à des activités spécifiques régulières, mentionnez-les. Par exemple « Quand je ne suis pas en train de courir, je joue au golf ou au tennis […] » Cela peut susciter l'intérêt et permettre à d'autres personnes partageant les mêmes intérêts de connecter avec vous.

Quelle est votre taille ?

Indiquer sa taille n'est pas obligatoire et c'est dommage. Une grande majorité des utilisatrices que nous avons interrogées sont très attentives à la taille des hommes dont elles consultent le profil. Pour beaucoup d'entre elles, cela fait même partie des cinq critères qu'elles vont prioriser pour leur choix de liker ou non. Personne ne peut se tromper sur sa taille et donc noter une fausse valeur est un geste délibéré. Certains hommes d'une taille inférieure à 1,70 m n'écrivent rien à ce sujet ou mentent carrément. En mentant sur un aspect qui n'est pas aussi anodin qu'il y paraît, vous causeriez non seulement une gêne, mais aussi une perte de temps pour la personne, qui devrait se justifier de faire machine arrière à l'annonce de la vérité. L'augmenter, même de deux centimètres, ne vous grandit pas !

Quel est votre niveau d'études ?

« Lycée », « École de commerce/technique », « À la fac », « Licence », « Étudiant de 2e et 3e cycles universitaires », « Master » ou « Doctorat ». Le dernier échelon d'études ou de formation professionnelle peut donner une idée du niveau socioculturel de la personne. Cette notion est souvent importante pour se retrouver sur le même sillon des modes de vie, des intérêts, des connaissances, voire d'une éducation avec tous ses codes…

Quel est votre emploi ?

Cette notion est en bonne position dans les critères de choix prioritaires des femmes mûres que nous avons interrogées. L'emploi est même *ex æquo* avec le niveau d'études, lorsque celui-ci est mentionné. La question du métier ou des études d'un homme peut revêtir plusieurs significations et être importante pour différentes raisons chez les femmes, à commencer par le statut social. Voici quelques motivations courantes :

- **La stabilité financière :** Connaître le métier ou le domaine d'études d'un homme peut donner des indices sur sa stabilité financière. La sécurité matérielle est souvent un facteur pris en compte lors de la recherche d'un partenaire.
- **Les ambitions et les objectifs :** La profession d'un homme peut refléter ses ambitions et ses objectifs de carrière. Pour certaines femmes, connaître ces aspirations peut être crucial pour déterminer la compatibilité à long terme.
- **Le degré d'éducation :** Le niveau d'éducation peut être lié à la manière dont une personne aborde la vie, la résolution de problèmes et son niveau intellectuel. Cela peut influencer les attentes mutuelles dans une relation.
- **Le mode de vie :** Le travail peut influencer le mode de vie d'une personne. Savoir ce qu'un individu fait peut aider à comprendre son emploi du temps, ses contraintes professionnelles et sa disponibilité, et aide à se projeter. Par exemple, un employé sur une plateforme pétrolière sera absent quatre mois successifs, le médecin urgentiste ou le pompier sera astreint certains week-ends ou la nuit, le fonctionnaire sera sûr d'être présent en famille ou en société les fins de semaine, etc.

Qu'en est-il d'un métier dit « public » ? Révéler un métier public, tel que contrôleur des impôts, gendarme, avocat ou une autre profession en accès direct avec les citoyens, peut être délicat en raison de la nature spécifique de l'emploi. Si vous choisissez de le mentionner, vous devrez préserver une certaine confidentialité, tout en évitant d'être reconnu. La situation est délicate. Vous pouvez alors ne mentionner que le secteur de travail (la santé, la fiscalité, la finance, la sécurité, la justice ou toute autre généralisation).

Nous rappelons qu'il n'est pas indispensable d'inclure des informations sur votre emploi. Cependant, si vous le mentionnez, n'oubliez pas d'offrir une vue holistique de votre personnalité. Restez authentique et équilibrez ces détails avec d'autres aspects de votre vie pour créer un profil attrayant et complet.

Voulez-vous ou avez-vous des enfants?

« J'aimerais en avoir », « Je n'en veux pas », « J'en ai et j'en veux d'autres », « J'en ai et je n'en veux plus », « Je ne sais pas trop ». Une question à ce sujet induit une prise de conscience et une honnêteté envers vous-même. Vous avez peut-être « déjà donné » ou avez passé l'âge d'en avoir, mais quelles que soient vos raisons de ne pas vouloir d'enfant, il s'agit d'un critère réfléchi à prendre en compte.

Quel est votre régime alimentaire?

« Végétarien », « Végétalien », « Pescétarien », « Casher », « Halal », « Carnivore », « Omnivore » ou « Autre ». Il peut sembler accessoire de notifier cet aspect de vos préférences, mais si celles-ci sont dans votre cas plus qu'une habitude, il est important de le mentionner. Un carnivore peut avoir des réticences à sortir et élaborer un avenir avec un végétalien, par exemple. Ou l'inverse.

Consommez-vous de l'alcool et du tabac, si oui à quelle fréquence?

Soyez honnête à propos de vos habitudes. Que vous soyez fumeur ou non, indiquez-le simplement dans les critères à cocher. Cela est bien souvent un critère de sélection déterminant, notamment pour les non-fumeurs. *Idem* pour la consommation d'alcool. Si vous êtes transigeant en matière d'alcool ou de tabac, il n'est pas utile de le mentionner dans votre texte de présentation; les cases cochées suffiront amplement. Par ailleurs, certaines applis telles qu'OkCupid évoquent aussi les « drogues récréatives ».

Quelle religion pratiquez-vous?

« Catholicisme », « Judaïsme », « Islam », « Spiritualité », « Agnostique », « Athéisme », « Bouddhisme », « Hindouisme », « Jaïnisme », « Mormonisme », « Saints des derniers jours », « Zoroastrisme », « Sikhisme », « Autre ». Si vous sélectionnez sur votre profil votre religion alors que ce n'est pas obligatoire, nous considérons que votre foi est importante pour vous. Est-ce utile ? Oui, si vous ne redoutez pas de vous fermer des portes. Si vous pratiquez régulièrement une religion et que vous participez activement aux fêtes et réunions religieuses, il serait logique, selon nous, que vous le mentionniez, en indiquant de quelle religion il s'agit. Non seulement vous aimerez probablement partager les moments spécifiques de votre congrégation avec votre futur partenaire, surtout en cas de relation sérieuse et suivie, mais vous apprécierez aussi d'être en phase au niveau de vos valeurs et de votre philosophie de vie.

Quelle orientation politique revendiquez-vous?

« Apolitique », « Centre », « Libéral.e », « Gauche », « Droite ». La politique est un sujet sensible lorsque deux individus sont aux antipodes l'un de l'autre. L'actualité nous ramène obligatoirement à exprimer nos opinions à travers des réactions spontanées. Celles-ci pourraient heurter les valeurs de l'autre et créer des sentiments et des jugements négatifs, ainsi que des conflits moraux inutiles. Si vous avez des idées bien arrêtées sur le sujet ou que vous êtes militant, autant mentionner de quel côté vous penchez. Ne faites pas de vos partenaires des adversaires !

Quelles langues maîtrisez-vous ?

Un choix vous est proposé et nous supposons que vous ne devez cocher que les langues que vous comprenez ou parlez bien.

Êtes-vous prêt à matcher avec des profils à l'échelle mondiale ?

Le « mode International », que vous pouvez cocher, signifie que votre profil est visible à l'échelle mondiale. Le « mode passeport », qui est payant, est légèrement différent : il vous permet de changer virtuellement votre emplacement pour une ville spécifique de votre choix. Vous pouvez alors matcher et discuter avec des personnes situées dans une localisation où vous n'êtes pas physiquement.

Quel est votre signe astrologique ?

Abordez le sujet du signe astrologique de manière légère et amusante. Par exemple : « Fier Lion qui adore les soirées animées, mais apprécie aussi une bonne soirée tranquille à la maison. » Si vous croyez à l'astrologie, vous pouvez mentionner les signes avec lesquels vous pensez être compatible. Par exemple : « En tant que Cancer, je me sens particulièrement connecté avec les signes d'eau comme le Scorpion et le Poisson, mais j'aimerai peut-être le vôtre aussi ! » Cependant, sachez que le fait de ne noter que votre signe astrologique, et éventuellement votre ascendant, comme seule indication vous concernant est considéré comme rédhibitoire par notre panel féminin.

CHAPITRE 8

LES ERREURS À ÉVITER

La création d'un profil sur un réseau Click & Love est une opportunité de mettre en avant vos aspects positifs. Cependant, voici quelques conseils généraux sur ce que vous pourriez éviter d'inscrire.

Dresser une liste démesurée de critères qui motivent vos choix

Bien qu'il soit acceptable d'avoir des critères de ce que vous recherchez, une liste trop longue d'idéaux peut décourager beaucoup de célibataires à la recherche d'un partenaire. Soyez ouvert à la découverte de personnes avec des intérêts et des traits différents. Contrairement à ce que nous pouvons penser, le fait d'être trop en accord sur des goûts et des pratiques peut enlever tout le sel d'une expérience nouvelle apportée par l'autre.

Qu'en disent nos témoins ?

Isadora, 59 ans, explique: «Alors que je suis une urbaine invétérée aimant la foule, l'activité constante autour de moi et rarement encline à glander sur mon canapé, même avec un bon bouquin, j'ai liké et matché avec un homme plus jeune que moi (cela faisait partie de mes critères), qui se présentait comme aimant la nature, les dimanches autour d'un BBQ avec des amis, le jardinage et qui cherchait une amatrice de randonnées. Or, jusqu'à ce jour, nous passons de merveilleux moments ensemble ! J'ai découvert un monde différent, plus calme. Il m'apaise et me réconcilie avec les plaisirs simples de la vie. »

Sortir de votre zone de confort, vous laisser entraîner dans des activités nouvelles, voire opposées à ce que vous connaissez déjà est alors propice à l'éveil d'une nouvelle intensité dont vous avez peut-être besoin. Être restrictif ne vous permettra pas cette ouverture.

Il en est de même sur le fait de vouloir correspondre avec quelqu'un qui aurait un métier analogue au vôtre ou qui serait passionné par le même secteur d'activité. Cette requête n'est pas toujours une bonne idée. Les conversations futures risquent d'être souvent redondantes. De même, vous n'apprendrez pas nécessairement beaucoup de l'autre et vous pourriez tomber dans un système inconscient de rivalité.

Manquer d'honnêteté

Ne mentez pas sur votre profil : ni sur votre apparence, votre âge, votre situation professionnelle, vos centres d'intérêt ou tout autre détail important de votre vie. La vérité finira par être découverte. L'honnêteté est la clé pour construire des relations saines. Le mensonge est peu pardonnable pour beaucoup de gens, mais il est surtout l'occasion d'être déçu et de perdre son temps. Pour d'autres, le manque d'intégrité vis-à-vis de ses propres valeurs personnelles marque déjà une forte incompatibilité sur ce plan pourtant fondamental.

Donner trop de détails personnels

Évitez de partager des aspects privés tels que votre lieu de vie, de travail, ou d'autres informations sensibles. Gardez ces éléments pour des conversations ultérieures plus approfondies.

Se confier sur ses problèmes personnels non résolus

Si vous traversez des difficultés personnelles non résolues, telles qu'une activité qui ne décolle pas, une maladie, un burnout, une dépression, un deuil non dépassé, un divorce douloureux ou un chômage de trop longue durée, il est préférable de ne pas le mentionner dans votre profil. Axez votre présentation sur les aspects positifs de votre vie. Évitez donc d'écrire : « Dépressif, mais espoir en vue » !

Faire référence à des expériences négatives antérieures

Évitez de parler en détail de relations passées négatives ou d'expériences douloureuses. Cela peut créer une atmosphère peu propice à de nouvelles connexions.

Mettre de l'avant vos aspirations politiques ou religieuses

Si vous pensez que vos opinions politiques ou religieuses peuvent faire réagir et ne pas être bien reçues, il peut être judicieux d'éviter d'aborder ces sujets de manière trop directe dans votre profil. Cependant, soyez prêt à en discuter lors de conversations ultérieures si cela devient pertinent.

Émettre des critiques négatives

Évitez de critiquer la gent féminine ou masculine ou de vous en plaindre excessivement dans votre profil. Nous avons vu des présentations libres sous forme de messages revanchards ou aversifs envers certaines femmes, tels que : « Femmes du style prise de tête, s'abstenir ! », ou envers les hommes comme : « Messieurs, si vous n'avez pas envie de communiquer, inutile de liker mon profil ». Restez positif et mettez en avant ce que vous aimez plutôt que ce que vous n'aimez pas.

Nous faisons tous des erreurs, mais elles ne sont pas nécessairement fatales. Nous avons tenté de vous signaler quelques-unes de celles qui risquent de vous porter préjudice. Nous en avons repéré plusieurs durant notre immersion dans différentes plateformes Click & Love. Cependant, il n'est pas trop tard pour les corriger si vous vous êtes lancé un peu trop impulsivement dans la création de votre profil.

Vous n'avez qu'une seule chance de faire une bonne première impression. Vous l'aurez donc compris, le plus important est de sortir du lot !

PARTIE 4

LES ASTUCES POUR DÉTECTER UN BON PROFIL

Au premier coup d'œil, lorsque se présente un nouveau profil sur votre écran, vous devez porter votre attention sur plusieurs points. Bien analyser les photos, la bio, les éléments de base et les phrases toutes faites, s'il y en a, est un apprentissage. Nous vous expliquons comment faire dans cette quatrième partie.

CHAPITRE 9

ÉVALUEZ LES PHOTOS

Analyser les photos sur un profil est un exercice important… et très intéressant ! Ne dit-on pas d'ailleurs qu'une image vaut mille mots ? Les images que vous voyez vous donnent-elles une bonne ou une mauvaise impression ? Sur quels éléments devriez-vous vous attarder ?

Faire fi des photos «mystère»

Nous nous entendons pour dire que les profils où la personne n'apparaît pas sur la photo principale ne sont pas très invitants. Au lieu de se mettre en scène, certains préfèrent afficher des photos de paysages, d'un animal, d'un œil, d'un pied, d'un torse, de deux verres de champagne, de chaussures à talons, de citations prises sur Internet, etc. Nous vous conseillons de disliker ce type de profil. Même chose lorsque le personnage est pris de dos ou entièrement tapi dans l'ombre ; cela ne vous permet pas de l'identifier. Comment le reconnaîtrez-vous lors d'un rendez-vous ?

Un tel montage représente peut-être une personne qui n'envisage pas une relation sérieuse. Il pourrait s'agir d'un homme marié, d'une femme discrète ou d'un professionnel qui ne veut pas être reconnu (un banquier, un commerçant, un policier, un médecin…). C'est le cas d'une femme qui nous confiait que, travaillant au sein d'une équipe exclusivement masculine, elle redoutait d'être perçue comme disponible. Sa plus grande appréhension était de devenir la cible de remarques, voire de harcèlement, de la part de ses collègues. Certains individus en couple utilisent également avec aisance ces stratégies et subterfuges pour élaborer un profil occulte afin de ne pas se faire repérer. C'est bien beau de vouloir se protéger, mais la plupart des utilisateurs des réseaux de rencontre veulent voir des images de leurs potentiels matchs ou crushs.

Par ailleurs, celui ou celle qui ne poste qu'un seul cliché prête le flanc à la suspicion. Vous êtes en droit de vous demander : l'individu a-t-il créé son profil à la va-vite ? Est-il en manque de clichés actualisés ou de clichés tout court ? Cache-t-il une particularité de son profil ou son âge véritable ? Aussi, certaines femmes n'assument pas leur visage ou leur corps et ne choisissent qu'une seule photo où elles apparaissent à leur avantage…

Ne tombez pas dans le piège !

Les photos de mode d'un mannequin professionnel, sous une mise en scène évidente, sont probablement la marque d'un *fake*, ou un faux profil ! Il est peu probable qu'un mannequin d'une grande beauté ait besoin de s'inscrire sur une appli Click & Love…

Dans le cas où un profil vous intéresse vraiment grâce à sa description, il serait judicieux de demander à la personne de vous fournir davantage de clichés. Il est arrivé à Gérald de faire cette demande à certaines femmes, qui ont refusé d'emblée en répondant: « Tu me verras en vrai ! » Lorsque la rencontre a eu lieu, la personne n'a jamais correspondu à l'image qu'elle avait fournie ! Pour Isabelle, l'affaire est vite réglée. Si quelqu'un ne publie qu'un seul cliché, elle swipe à gauche sans aucune autre forme de curiosité.

Qu'allez-vous prendre en compte?

Nous sommes tous interpellés en premier lieu par les images, quelles qu'elles soient. Il est donc naturel que vous soyez attiré par la première photo présentée. L'impression générale que vous en avez est-elle spontanément positive ? Si, à l'inverse, votre impression est négative ou neutre, mieux vaudrait ne pas liker. En revanche, si vous avez une belle impression du profil, regardez de plus près ce qui vous interpelle.

Le sourire, l'expression, le regard, le style vestimentaire, le soin corporel, la posture, le lieu, l'arrière-plan et la mise en scène (dans un deuxième temps) vont vous indiquer intuitivement des facettes de la personnalité ou du caractère de l'individu. D'autres éléments, comme la présence d'un animal de compagnie ou d'enfants dans les photos sont aussi à prendre en compte.

Le sourire

La présence ou l'absence de sourire est un indice révélateur. Il n'est pas nécessaire d'être un fin psychologue pour réaliser qu'une personne qui présente six photos dans lesquelles elle ne sourit pas risque de ne pas être bien rigolote dans la vie. Cependant, il faut se méfier des préjugés: certains individus pourraient être complexés par leur dentition…

On dit souvent d'une femme souriante qu'elle est sympathique. Un homme également. Cela dit, un beau visage sérieux peut être séduisant même s'il n'arbore pas un large sourire. La perception est donc immédiate et globale. Positive ou négative. À vous de voir ce qui vous plaît le mieux. Dans tous les cas, nous sommes à même de déceler immédiatement les sourires authentiques de ceux qui sont forcés, en repérant les petites rides de joie autour des yeux…

L'expression

L'expression d'un individu en photo arbore la somme d'un vécu émotionnel. Par exemple, les traces que laisse l'hyperanxiété sont manifestes. En effet, un anxieux fronce régulièrement les sourcils et le front à la moindre pensée. Si bien que des rides profondes se creusent définitivement entre les sourcils. Cela renvoie un aspect accablé ou démoralisé, comme si le poids de la vie était sur ses épaules. D'autres, très joyeux, transmettent spontanément à travers des yeux rieurs et un joli sourire leur joie de vivre et une émotion positive.

Le regard

Dans la même veine, un regard pétillant renvoie immédiatement l'image d'une personne énergique ou heureuse. Nous pensons qu'être déjà heureux en solo est de bon augure pour mener une vie à deux sur le même registre. *A contrario,* un sourire triste peut montrer un profond mal-être et s'accompagner d'un regard glauque, perdu ou vide… Aussi, des lunettes de soleil empêchent de voir quoi que ce soit dans le regard. Or, le regard porte l'âme…

Le style vestimentaire

Le style vestimentaire présenté par la femme ou l'homme sur les clichés donne également, à nos yeux, des informations précieuses. Nous faisons référence au genre vestimentaire (t-shirt ou chemise et cravate, jeans ou robe) et aux accessoires portés (chapeau, casquette droite ou à l'envers, qui peut faire penser au monde des rappeurs, bijoux, montres, tatouages, chaussures, lunettes et sac à main).

D'une manière générale, les choix vestimentaires, selon les contextes, et les accessoires, sont représentatifs d'un milieu socioculturel. Chaque milieu adopte des normes précises. C'est ainsi que les humains se reconnaissent au premier coup d'œil. Cette distinction n'est pas à condamner; elle est automatique, naturelle et bénéfique au rapprochement social. Ce réflexe existe pour faciliter très rapidement l'adaptation à autrui: les codes de langage et de conduite sont communs et les risques de mésentente sont diminués. Il s'agit de l'instinct grégaire. C'est une tendance qu'ont tous les êtres humains (et animaux) à adopter les mêmes comportements, et à former des groupes. Ces choix sont souvent faits pour se sentir en sécurité et éviter d'être isolé.

De même pour la question des ethnies. Il est souvent plus naturel pour les humains d'avoir des affinités avec des individus de la même ethnie, voire de la même religion, qu'avec ceux d'un autre « monde ». C'est d'ailleurs ce que la plupart des témoins participant à notre enquête ont affirmé. Ils ne likent pas les personnes trop éloignées de leur identité culturelle. Toutefois, il est de moins en moins rare de voir des célibataires se tourner vers d'autres ethnies et former des couples qui mêlent les nationalités. C'est une belle démonstration de curiosité et d'ouverture sur le monde!

Qu'en disent nos témoins?

Certaines femmes mûres considèrent comme rédhibitoires les allures négligées: les chemises trouées, les t-shirts élimés, les shorts déchirés et les souliers usés à la corde... Chacun a évi-

→

demment le droit de porter les vêtements qu'il veut, mais nous nous questionnons quant au choix volontaire de se montrer ainsi en photo sur une plateforme faite pour séduire. La clope au bec et même le cigare à la main peuvent également refroidir certaines femmes que nous avons sondées. Évidemment, tel que mentionné précédemment, il y a des différences selon les sociétés. Par exemple, la chemise à carreaux n'attire pas du tout les Européennes (elle fait vieux jeu ou vieux garçon), alors qu'elle passe très bien auprès des Québécoises.

Le soin corporel

Sur les photos de profil, on peut voir l'état des cheveux (longs, courts, négligés, soignés, style 1980, crâne rasé, etc.), de la barbe (bien taillée, mal taillée, longue, frisée, etc.), de la moustache (propre, sale, peignée, etc.), des ongles (longs, courts, peints, rongés, etc.), des dents (blanches, jaunes, cassées, etc.), du corps (musclé, refait, naturel, etc.) et du visage (maquillé ou non). Que vous disent tous ces éléments ? La personne vous donne-t-elle l'impression de prendre soin d'elle ? À l'inverse, renvoie-t-elle l'image de quelqu'un qui se néglige ? Il s'agit ici de détecter et d'analyser les divers signes corporels et de prendre en compte ceux qui sont importants pour vous.

La posture

Les postures sur les photos sont parfois significatives, car elles envoient un message, volontaire ou non. Nous faisons référence particulièrement à des postures lascives, suggestives et sexualisées. À ces femmes qui prennent un selfie dans une tenue dégageant une poitrine généreuse, en bikini, positionnées dans une cambrure érotique ou en sous-vêtements sexy, voire en porte-jarretelles visible… Dans ce cas, le message est clair. Nous pensons aussi à ces hommes qui se prennent en selfie la tête posée sur l'oreiller de lit ou qui sortent le bout d'une langue (vous noterez la suggestion pas très subtile!)… D'après notre sondage, et contrairement à nos attentes, toutes ces postures vues sur des clichés érotisés sont rédhibitoires aux yeux de la majorité des hommes et des femmes de 35 à 65 ans que nous avons interrogés.

La touche ras-le-bol

Publié sur un profil féminin: «Messieurs, s'il vous plaît, faites un effort avec les photos. Bouche en cul de poule, pour quoi faire? Filtres, photos datant de dix ans, paysages, lunettes de soleil, vos animaux, vos gamins, votre torse nu à la salle de sport, vos gros biceps en couverture, vous cherchez quoi ici?»

Le lieu

Le lieu choisi pour la prise de vue n'est pas anodin. Nous avons malheureusement vu bon nombre d'hommes se prendre en selfie dans leur salle de bain (montrant souvent une nudité partielle), ou encore dans le hall de leur immeuble devant les boîtes aux lettres! Beaucoup de femmes ne se montrent pas plus originales. Vous en verrez certaines dans les mêmes postures et lieux que les hommes. Les selfies dans la voiture sont aussi très courants. La raison en est vraisemblablement que le support du téléphone sur le tableau de bord est très pratique et rapide.

L'arrière-plan et la mise en scène

L'arrière-plan et la mise en scène vous offrent des informations différentes et complémentaires. En effet, lorsqu'une personne choisit de se présenter au milieu d'un paysage en arrière-plan, elle signifie soit qu'elle y a séjourné, en voyage par exemple, soit qu'il s'agit de son endroit de prédilection pour y passer des vacances (à la plage, au ski, etc.) ou encore d'un endroit qu'elle affectionne pour se ressourcer (nature, campagne, montagne…). Outre un paysage, vous pouvez parfois détecter, grâce à l'arrière-plan, une activité régulière telle que le golf ou la musculation…

L'effort qu'une personne met dans sa présentation pour se mettre en valeur est assez révélateur de sa motivation. Certains en font peu. Cela nous évoque soit un manque d'intérêt dans leur démarche, soit une absence totale de stratégie. Nous remarquons un grand nombre de photos prises face à un miroir en mode selfie. Mode à éviter puisqu'il est rarement flatteur et qu'en plus, face à un miroir, le personnage est caché en partie par l'appareil… N'y a-t-il personne dans son entourage à qui demander d'être pris en pied ?

La note (ironique) des auteurs

Face à un profil qui se photographie devant des boîtes aux lettres d'immeuble, vous pourriez envoyer une première accroche du style: «Bonjour [prénom ou pseudo], ta boîte aux lettres, c'est laquelle?» Ou bien face à une photo de profil où la personne ne montre que ses pieds au soleil ou face à la mer: «Lequel tu préfères, le pied droit ou le pied gauche?» ou bien «T'as perdu tes chaussures?», «Tu cherches une bonne pédicure?».

Proche du choix d'un arrière-plan, vous avez les mises en scène spécifiques qu'un individu choisit pour livrer des messages implicites. Voici un exemple de mise en scène classique que l'on voit extrêmement souvent en France : la photo d'une femme portant dans ses bras un somptueux bouquet de fleurs. Soit elle a reçu un beau bouquet pour son anniversaire et qu'elle aimait beaucoup sa photo… soit elle veut envoyer le message que seules les grandes attentions sont appréciées. Décodage : elle vous fait comprendre qu'elle a besoin de cadeaux et qu'elle y est habituée.

La note (ironique) des auteurs

Quel message recevrez-vous en voyant la photo d'une jeune femme en superbe tenue de soirée, avec en arrière-plan un orchestre qui performe dans un hôtel de luxe ? Prévoyez votre American Express ou votre Visa Infinite. Une simple Gold restera irrecevable et… vous avec !

Les animaux de compagnie

Les clichés en compagnie d'un animal vous semblent-ils judicieux ? Si vous-même avez un animal, cette information peut vous rassurer. Et vous voilà avec un point en commun avec l'autre ! Mais dans le cas contraire, vous devez penser que cela peut compromettre les envies spontanées de voyages, si vous en avez bien entendu. Il faudra trouver un gardien pour ce bel animal de compagnie et certains propriétaires redoutent de laisser leur protégé. L'information envoyée n'est nulle autre que l'animal de compagnie est important pour son propriétaire.

Les enfants

Qu'en est-il des photos prises avec des enfants ou petits-enfants ? L'argument est le même. La famille est sans doute fort importante pour la personne qui a publié une photo avec des enfants. Est-ce une valeur que vous partagez ? Évidemment, il nous semble peu judicieux d'exposer le visage des enfants sur les plateformes Click & Love. Nous considérons que toute image d'enfant mineur doit être floutée, au même titre que les visages de votre bande de copains. C'est une question de respect et, surtout, de confidentialité. C'est l'opinion personnelle des auteurs…

Les autres éléments

Les photos prises en mode aventure « sac à dos » (globe-trotter), lorsqu'elles sont choisies pour être exposées sur un site de rencontre, vous précisent que ce mode de voyage est apprécié et qu'un partenaire similaire est bienvenu ! À vous de vous poser la question si vous correspondez à ce partenaire et si vous en avez envie. Ceux et celles qui se présentent en tenue de grand sportif (marathonien, cycliste, golfeur, grimpeur…) vous signifient que cette activité fait partie de leur vie. Il est logique de conclure qu'elle fera partie de la vôtre !

> **Ne tombez pas dans le piège !**
>
> Parfois, un individu propose un lien pointant sur son réseau social, le plus souvent Instagram. Une femme ou un homme qui se met en scène sur des dizaines de photos peut rebuter ceux qui recherchent une relation sérieuse.

Outre la revue des détails susmentionnés, vous aurez le loisir d'apprécier la qualité des photos. Un cliché d'une autre époque n'est pas de bon augure, à moins qu'il s'agisse d'un choix artistique (filtre argentique, noir et blanc, etc.). Autrement, vous aurez certainement une mauvaise surprise lors du visio ou de la rencontre. Les photos peuvent être trompeuses. Assurez-vous de lire les profils des utilisateurs attentivement pour obtenir une meilleure compréhension de leur personnalité et de leurs intérêts.

CHAPITRE 10

INTERPRÉTEZ LES INFORMATIONS DE BASE

Chaque individu qui se présente à votre écran a été appelé à exposer un minimum d'informations sur lui pour créer son profil, tout comme vous l'avez fait lors de votre propre inscription sur cette même application. Outre les photos, ces informations de base vous permettront d'en connaître davantage sur la personnalité ou le mode de vie du célibataire qui vous intéresse.

Respectez vos critères de sélection

Les plateformes Click & Love proposent de donner certaines informations utiles telles que les centres d'intérêt, le lieu de vie, la taille, afin de présenter quelques-unes des caractéristiques des utilisateurs. L'utilisateur choisit quelles informations il veut divulguer et peut revenir les modifier à tout moment. Le fait d'y répondre le mieux possible est à notre sens aussi significatif que de ne pas y répondre du tout. Il est donc important de s'y attarder et de les décoder.

Veillez à ce que vos critères de sélection soient uniquement ceux qui restent non négociables pour vous. L'idée est d'éviter de passer en revue des profils qui ne vous correspondent pas et de perdre un temps fou. L'ordre de présentation qui suit n’est pas totalement aléatoire. Nous avons pris en compte les critères prioritaires de chacun des témoins qui ont contribué à cet ouvrage. Mais il est vrai que vos priorités restent très personnelles… En règle générale, outre le genre et l’orientation sexuelle recherchés, que nous avons déjà expliqués, les sites et les applis proposent les critères suivants.

Le prénom ou le pseudonyme

La plupart des gens utilisent leur vrai prénom ou un diminutif. Toutefois, si quelqu’un fait l’effort de présenter un pseudo original, vous avez déjà l’indice d’une personnalité motivée et probablement intéressante. Attention, des pseudos tels « Gentil59 » ou « Nanou » n’ont pas d’intérêt. Vous aurez certainement un attrait pour un profil qui vous interpelle ou qui a du sens pour vous. Cependant, il faut repérer les pseudos provocateurs et vulgaires. Nous avons déjà vu des « jetemmmerde » et « Fuck69 » plutôt évocateurs d’une mentalité agressive ou tournée exclusivement sur le sexe. À bon entendeur…

Profil vérifié ou pas?

S’il y a un critère que vous devriez absolument regarder, ce serait celui des profils dits « vérifiés ». Toutes les applis Click & Love en ont. Un petit signe sous forme de pastille de couleur (bleue chez Tinder et Bumble, par exemple) se situe alors à côté du pseudo. Cependant, vous devez tenir compte de vos autres critères de recherche, car les profils vérifiés ne signifient qu’une seule chose : la personne existe vraiment.

Le type de relation recherché

Cherchez la cohérence avec vos propres besoins. Par exemple, ne vous attardez pas sur un profil ne recherchant rien de sérieux si vous aspirez à une relation sérieuse. Il n’y a pas à espérer un changement de mentalité, comme on pourrait le faire lorsque la personne dit: « On verra ». Nous pensons que ceux et celles qui n'ont rien déclamé à ce propos n'ont *a priori* pas l'intention de s'engager dans une « relation » au sens propre du terme.

La note (ironique) des auteurs

Étrangement, certains cherchent à «se faire des amis» sur une plateforme Click & Love. Stratégie ou intention sincère? Certes l'option «Amitié» existe, mais on s'entend pour dire que la première intention est bien souvent la recherche d'affection, d'une relation sentimentale ou d'un rapprochement sexuel... Par ailleurs, lorsque les gens cochent «Amitié», les informations de base ne sont pas les mêmes. On ne demande pas la taille ni le type de relation recherché, par exemple.

Les centres d'intérêt ou les passions

Il est significatif et intéressant de constater les choix d'autrui lorsque seuls l'inscription de cinq centres d'intérêt ou passions sont autorisés. Alors que certaines personnes indiquent « Expositions d'art », « Voyages », « Musées », « Théâtre », « Concerts » parmi leurs cinq centres d'intérêt, d'autres inscrivent « Shopping », « Gin tonic », « Sushis », « Sport », et même « Marchés de Noël »… Dans le premier comme le deuxième cas, vous constaterez la cohérence des éléments entre eux. Cette recherche de cohérence vous permet de détecter des aspects de la personnalité d'un profil, outre ce qui l'anime dans la vie…

Toutefois, il est fréquent que quelques personnes indiquent ce qu'elles aiment, donc qu'elles partagent leurs goûts, sans considérer qu'il s'agisse de passions. Cela serait-il dû à un manque de concentration ou de compréhension lors de la lecture de la rubrique proposée ?

La note (ironique) des auteurs

N'est-il pas surprenant de lire comme passions «Faire le tour des cafés», «Promener le chien», «Pizza», «Netflix», «Tatouages»... Ah bon? Sont-ce réellement des passions?...

Profil imparfait ou faux profil, comment avoir la puce à l'oreille ? Vous pouvez repérer en premier lieu des incohérences dans les cinq passions, qui n'ont rien à faire ensemble chez un même individu. Nous vous recommandons de vous méfier lorsqu'un profil se dit être chef d'entreprise et/ou d'un haut niveau universitaire, lorsqu'il indique un ensemble de passions incohérentes comme « Sources d'eau chaude » + « Badminton » + « Shopping » + « Karaoké » + « Tatouages » (cas réel). Il s'agit probablement d'un profil fait à la hâte, voire d'un faux profil. Un minimum d'intérêts communs est essentiel et la section « Centres d'intérêt et passions » est riche d'indices ; elle vous permet d'épurer un grand nombre de profils incompatibles avec vous.

La tranche d'âge

Supposons, par exemple, que vous ayez 40 ans et que vous ayez défini l'âge des personnes recherchées entre 30 et 55 ans ; une telle sélection vous permettra de rencontrer un large éventail de profils, mais elle peut aussi vous conduire à des personnes qui ne vous conviennent pas. Gardez à l'esprit que la qualité de la connexion prime sur la quantité de possibilités. Prenez le temps de considérer chaque profil attentivement et de chercher des intérêts communs et des valeurs partagées en priorité.

La distance maximale avec vous

À vous de déterminer votre propre tolérance à la distance. Le plus souvent, nos témoins ont déterminé un périmètre acceptable jusqu'à la ville la plus proche, et rarement au-delà de 50 km. Les filtres vous permettent donc de définir une distance maximale pour les matchs potentiels, et ainsi de restreindre les propositions à des personnes de votre région ou à une distance que vous jugez acceptable.

Attention cependant aux applis Click & Love qui ne respectent pas vos restrictions. C'est courant. Sans compter le fait que certains profils n'ont, eux, jamais spécifié leur lieu de résidence habituel ! Rappelez-vous que la géolocalisation ne représente qu'une distance à l'instant T, mais ne présume en rien du lieu de vie. Le cas typique des périodes de vacances en est un exemple, car de nombreuses personnes se déplacent à des centaines, voire des milliers de kilomètres de leur domicile sans le spécifier.

La taille

Le critère de la taille est proposé par les plateformes Click & Love, mais nous rappelons qu'il n'est pas obligatoire de la divulguer. Mais comme il est bon de savoir si l'autre est plus petit ou plus grand par rapport à vous, cette dimension du profil doit être repérée. En effet, selon notre étude, les femmes ont parfois le réflexe de s'imaginer sortir en talons et souhaitent rarement être beaucoup plus grandes qu'un partenaire masculin. Cette problématique ne semble pas toucher les hommes de la même façon ; certes, ils n'ont pas le souhait d'être plus petits, mais ils peuvent passer outre le fait que la femme qui les intéresse soit un peu plus grande. Là encore, vous devez pondérer ce critère suivant les autres caractéristiques du profil.

Qu'en disent nos témoins ?

Les femmes occidentales de notre panel ont déterminé la taille d'un partenaire comme deuxième critère dans l'ordre d'importance. Elles préfèrent une taille supérieure à 1,70 m, mais pas au-delà de 1,86 m... Cela dit, certaines d'entre elles ont finalement déconstruit ce critère au fil des rencontres, grâce à des personnalités intéressantes, par exemple.

La consommation d'alcool et de tabac

Voici de nouveau un critère important qui est rarement propice aux négociations, pour les anti-tabac notamment. En l'absence d'information sur ce point, n'omettez pas de communiquer clairement votre position à ce sujet avec votre match. Il arrive qu'une des photos postées le ou la représente avec une cigarette ou un cigare. L'individu est donc fumeur. Respectez son choix concernant sa consommation, mais restez fidèle à vos valeurs et ne transigez pas sur ce point, car bien souvent il peut mener à de grandes discordes.

Le niveau d'études

Nous ne sommes pas convaincus qu'il faille impérativement avoir le même cursus scolaire pour s'entendre, cependant un niveau intellectuel similaire crée une émulation et permet des échanges fluides et intéressants. Pourtant, ceux qui n'ont pas poussé les études très loin peuvent être habités par la curiosité. Ils sont également prêts à évoluer par les expériences de vie plutôt que par les connaissances intellectuelles. Certains grands dirigeants d'entreprise connus dans le monde entier n'ont pas de diplômes particuliers et ont pourtant fait valoir leur enthousiasme, leurs capacités intellectuelles et leur « génie » pour la réussite. Aussi, dans une moindre mesure, de véritables entrepreneurs se sont révélés, alors que d'autres bardés de diplômes se sont retrouvés en échec professionnel… Ayez-en conscience et ne vous empêchez pas de donner la possibilité à l'autre de vous démontrer qui il est lors de l'échange téléphonique.

L'emploi, le poste et l'entreprise

Ces informations étant facultatives, vous avez le loisir, ou non, de réfléchir au quotidien professionnel du profil. Cela peut être important si vous préférez un partenaire salarié, chef d'entreprise, ou plutôt un travailleur indépendant. D'un *mode* de travail dépendent la vie quotidienne et la liberté d'organisation; cela peut représenter un critère important pour vous. En effet, un travailleur autonome joue plus facilement sur ses plages horaires et décide le plus souvent de ses dates de vacances.

La note des auteurs

Si vous recherchez une relation sérieuse, avoir un partenaire qui n'aurait pas la même disponibilité que vous pourrait être fort frustrant à long terme et représente un gros frein à l'engagement…

Certaines professions ne se déclarent pas comme telles. En l'occurrence, les médecins, les psys (comme Isabelle), les pompiers et les policiers, par exemple. Ceux-ci évitent d'inscrire leur métier ou même le nom de l'entreprise pour se protéger d'un intérêt trop ciblé pour leur savoir-faire professionnel, cacher leurs capacités financières associées au job, ne pas se faire repérer par les proches et les collègues ou géolocaliser grâce au nom de l'entreprise, par peur de susciter la haine (policier, inspecteur des impôts, etc.), ou encore de rebuter ceux qui craindraient de ne pas être à la hauteur…

La fréquence des activités physiques ou sportives

La fréquence des activités sportives signifiée sur le profil n'indique pas de quelle activité il s'agit, mais seulement si la personne est attachée à sa pratique régulière ou pas. Certains notent « Tous les jours » : le plus souvent, on parle de musculation, de yoga, de marche ou de course à pied…

Le désir d'enfants ou les projets familiaux

Le désir d'enfants ou non… Voici un critère qui ne peut faire débat très longtemps, surtout chez les plus jeunes. L'âge est spécifié sur la première photo présentée du profil. Les hommes de plus de 50 ans peuvent effectivement préciser qu'ils aimeraient en avoir, même s'ils en ont déjà. Les femmes de plus de 40 ans, elles, n'indiquent pas qu'elles veulent des enfants. Ce qui est intéressant dans cette rubrique, c'est surtout de savoir qui en a déjà !

Nous n'avons pas l'option gratuite de ce filtre pour autrui, mais uniquement pour nous-mêmes au moment d'inscrire nos « infos de base ». Or, dans ce chapitre, nous repérons les critères d'autrui.

La position de la personne sur la question d'avoir ou non des enfants, d'en vouloir d'autres ou pas, ou même d'être dans l'incertitude doit vous interpeller si vous souhaitez une relation sérieuse et suivie. En effet, avoir ou non des enfants change la vie… En revanche, si vos attentes ne sont pas figées, abordez le sujet dès le début des conversations pour vous assurer de l'alignement des aspirations. Respectez le choix des autres, certes, mais surtout ne transigez pas sur l'essentiel… votre propre désir.

La note des auteurs

Si le match qui se présente vous séduit, mais qu'il/elle souhaite des enfants alors que vous n'en voulez pas, veillez à ne pas annihiler l'espoir de cette personne par égoïsme.

Le régime alimentaire

Cet aspect joue un rôle important dans la compatibilité, puisque certains régimes alimentaires sont strictement observés. En général, par souci de ne pas trop avoir à composer avec les exigences alimentaires, un végétarien préférera sortir avec un autre végétarien. De même pour les adeptes du casher ou du halal. Ces restrictions alimentaires peuvent être problématiques lors des repas pris ensemble. Des personnes très adeptes pourraient vous contraindre à adopter le même régime qu'elles ou vous faire des réflexions sur vos goûts ; d'autres seront très flexibles. À méditer…

La religion

Si cette indication est formellement exposée sur le profil d'une personne, vous pouvez imaginer qu'elle a de l'importance dans le cadre d'une relation sentimentale à long terme. La foi religieuse, quelle qu'elle soit, porte et colporte un nombre important de règles de vie liées aux croyances qui les sous-tendent. La communion de philosophies, de valeurs et de croyances est alors préférable pour une relation épanouissante. Ce que nous disons ici, ce n'est pas qu'il faut assurément être de la même religion, mais que si c'est inscrit dans un profil, alors que c'est facultatif, la notion revêt pour la personne une importance capitale. Ne pas en tenir compte ou se dire que l'on pourrait aller à l'encontre des croyances et des pratiques propres à l'autre serait une erreur et augurerait un échec assuré.

L'orientation politique

Tout comme la religion, si l'orientation politique est indiquée, c'est qu'elle tient à cœur à la personne. Les opinions politiques totalement opposées peuvent être problématiques dans le futur lors des échanges et des commentaires liés à l'actualité, mettant les protagonistes en conflits perpétuels.

Les langues maîtrisées

Quasi toutes les langues courantes dans le monde sont proposées pour permettre de cocher les langues maîtrisées. Afin de partager des expériences communes telles que des voyages, l'anglais peut vite devenir indispensable. Mais pour certains d'entre vous et selon votre origine, surtout si vous habitez en Europe, d'autres langues comme l'espagnol ou l'italien s'avéreront nécessaires, ne serait-ce que pour communiquer entre vous ou avec la famille. Sachez que des personnes en « Mode voyage » ou « Mode international » peuvent vous avoir liké sans même parler votre langue ou l'anglais. Vous concéderez que liker un tel profil est probablement inutile…

Le mode international

La personne est prête à découvrir d'autres membres partout sur la planète sans même se déplacer et en choisissant une langue commune. Ce qui veut dire qu'elle peut résider à des centaines, voire des milliers de kilomètres de chez vous. Vous tombez sur n'importe quel pays sans distinction, à la différence du mode « Voyage » qui, lui, vous permet de sélectionner une destination en vue d'un prochain déplacement. À vous de voir…

Le signe astrologique

Certes, les femmes s'intéressent davantage à l'astrologie, mais nombreuses sont celles qui vont lire leur horoscope sans trop y croire… Nous, les auteurs, accordons peu de crédit aux horoscopes, car nous les jugeons trop généraux. En revanche, le thème astral, qui ne peut être calculé que par un astrologue professionnel, est très personnalisé et donne un bien meilleur reflet de la personnalité du consultant.

Il est probable que vous soyez sensible aux signes astrologiques et aux compatibilités entre eux. Pensez simplement que vous n'êtes pas spécialiste et que vos interprétations ou vos *a priori* peuvent vous induire en erreur… De plus, les résultats de vos éventuelles investigations sur Google pour découvrir les compatibilités entre les signes ne doivent pas être pris comme des vérités absolues. Les indications ne reflètent pas la réalité et vous pourriez y trouver des incohérences majeures relatives à votre propre expérience.

Les plateformes Click & Love proposent de cocher le signe astrologique principal (que l'on nomme signe « descendant »), mais jamais l'ascendant. Or, l'ascendant exerce toujours une influence sur le caractère d'un individu, puis il surpasse le signe maître à partir de 50 ans. Il est donc d'autant plus délicat de se baser uniquement sur le signe indiqué sur la fiche du profil.

Les signes chinois, quant à eux, ne sont pas représentés dans les applis lorsque vous vous inscrivez en Occident.

La note des auteurs

Si vous souhaitez que la plateforme Click & Love sélectionne les profils selon un nombre plus étendu de critères précis et prioritaires, il faut vous abonner à des formules payantes de type « Plus », « Gold », « Premium », « Platinum »… Votre porte-monnaie est seul juge !

Les relations sentimentales sont complexes et dépendent de nombreux facteurs de part et d'autre. Nous vous suggérons de découvrir la personne au fur et à mesure des échanges en mettant de côté vos *a priori*.

Les algorithmes travaillent en secret pour vous !

Votre activité sur les réseaux de rencontre, telle que la régularité de votre usage, la mise à jour de votre profil et la rapidité de réponse à vos messages, a une influence positive sur ce qu'on appelle votre « score ».

Par exemple, dans le monde mystérieux de Tinder, chaque utilisateur possède un score secret, appelé « Elo Score ». Celui-ci est comparable à une empreinte invisible qui se modifie et évolue au gré de vos interactions au sein de l'application. Néanmoins, il faut veiller à l'équilibre de vos actions. Si vous attribuez un like à tous les profils sans discernement, ou à l'inverse, si vous êtes excessivement sélectif, cela va affaiblir votre score.

En revanche, plus vous recevez d'appréciations positives, c'est-à-dire de likes, plus votre score s'améliore. Si ces marques d'appréciation proviennent de personnes ayant elles-mêmes un score élevé, cela aura un impact encore plus bénéfique sur le vôtre. Cependant, le score n'est pas l'unique critère pris en compte par l'algorithme. D'autres facteurs, tels que la distance géographique entre les utilisateurs, leurs préférences en termes d'âge et de genre, ainsi que d'autres paramètres du profil sont également considérés.

L'algorithme fonctionne un peu comme une boussole. Il vous oriente vers les utilisateurs dont le score est proche du vôtre, comme si votre empreinte attirait naturellement celles qui lui sont semblables.

CHAPITRE 11

ANALYSEZ LES DESCRIPTIONS LIBRES

Après les photos et les informations de base, voici comment décrypter la partie bio. Cette section du profil s'intitule « À propos de moi » dans la majorité des plateformes Click & Love. Elle permet de se décrire librement et/ou d'exprimer ce que l'on recherche avec un nombre de caractères plus ou moins limité (de 150 à plus de 500 caractères).

Le cadre… vide

Il est fréquent de croiser des profils dotés seulement de très belles photos sans aucune autre description. Le cadre est vide ! Ces personnes croient-elles que présenter d'autres atouts que celui du physique est inutile ? Les hommes sont, apparemment, souvent moins loquaces que les femmes, mais il se pourrait qu'ils ne fassent pas beaucoup d'efforts non plus… Pareil pour certaines femmes qui postent uniquement des photos en maillot ou en postures suggestives. Elles se pensent probablement irrésistibles et sont sans doute d'avis qu'un texte est inutile…

Quelques chiffres

Nous constatons que sur un échantillon de 50 hommes de 45 à 53 ans dans la région Provence-Alpes-Côte d'Azur, seuls 17 d'entre eux se décrivent librement (donc 33 sur 50 ne notent rien!). Dans la même province, la statistique concernant les femmes est exactement inverse: elles se décrivent à 66%. Nous avons eu l'opportunité d'utiliser la même méthode de sondage au Maroc, en octobre 2023, sur des profils d'hommes. La surprise a été de constater exactement les mêmes chiffres que chez les hommes de la région PACA!

Les fautes de grammaire et d'orthographe sont difficiles à tolérer pour certains d'entre vous, comme nous l'avons constaté lors de notre étude. Cela peut être purement et simplement éliminatoire. Est-ce pour cette raison que plusieurs laissent le cadre vide? À vous de voir si la situation vous plaît, selon vos critères…

Qu'en disent nos témoins?

Jean-Claude, 49 ans, avoue ne pas remarquer les fautes, d'autant que lui-même en fait régulièrement. Il se sait dysorthographique (ou *disortaugrafic*?). Il le stipule à la fin de sa présentation, ce qui permet de comprendre et d'accepter une telle problématique.

Les citations et les phrases vides

Cela dit, bon nombre d'individus ne laissent pas le cadre vide par souci grammatical, mais plutôt parce qu'ils ne savent pas parler d'eux-mêmes. Ils se servent alors de productions d'autres auteurs. La pertinence des propos et la manière de les présenter sont intéressantes à décrypter.

Commençons par le cas d'une personne utilisant une citation, un proverbe ou un poème. Elle a fait le choix de citer les écrits d'un auteur et de ce fait, ne donne pas l'occasion de découvrir les aspects de sa personnalité. Cela dénote clairement, selon nous, le peu d'engagement dans une démarche qu'on voudrait authentique.

Un pseudo-poète nous a servi: « À la fin, seules trois choses comptent: Combien as-tu aimé, de quelle façon tu as vécu et comment tu as laissé filer les choses qui n'avaient pas d'importance pour toi ? » Or, ce texte traduit est une variante tirée d'un livre de Jack Kornfield et il est souvent attribué à tort à Bouddha. En quoi le profil qui a osé recopier ce texte est-il suffisamment pertinent pour qu'on s'y intéresse vraiment ? Serait-ce une tentative de paraître instruit ? Nous doutons du bénéfice réel de la stratégie, car le vernis ne tiendra pas longtemps face à une personne réellement cultivée. Ne dit-on pas que « la culture, c'est comme la confiture, moins on en a, plus on l'étale » ?

D'autres descriptions non personnalisées sont issues de formulations glanées çà et là sur la toile. Vous lirez des laïus du type:

- « Si tu es sincère dans ta démarche, tu chercheras à me connaître. »
- « À la recherche d'un partenaire de crime. »
- « *Be yourself.* »
- « Toujours oser. »
- « Au plaisir d'échanger avec vous. »
- « Tu jugeras par toi-même. »
- « La vie est trop courte pour ne pas en profiter; croquons-la ensemble ! »

- « Les choses les plus simples sont les plus appréciables. »
- « Parle-moi de tes passions. »
- « Ici pour faire de belles rencontres. »
- « Le secret d'une relation qui marche, c'est le respect. »

Vous en conviendrez, ces formules, si elles ne sont accompagnées d'aucun autre texte, ne sont en rien susceptibles de vous faire vibrer !

La note des auteurs

Les profils qui ne se sont pas laissés aller à la fainéantise de l'usage des proverbes ou autres dictons sont probablement plus dignes de curiosité et d'intérêt de votre part. Passez votre chemin face aux clichés.

Les requêtes

Certains utilisateurs ont tendance à transformer leur description en requête. En effet, en lieu et place de « À propos de moi », nous trouvons fréquemment une liste de critères et de qualités recherchées de l'homme ou de la femme idéal. Par exemple, certaines personnes réclament de l'humour, du raffinement, du charme et une tête bien pleine. Nous avons même lu « une non-psychopathe » ! … Les femmes réclament parfois des traits physiques, tels que « minimum 1,80 m », « brun aux yeux clairs », mais aussi un « homme généreux, attentionné, sain, vrai, galant, bien élevé, simple, sincère, autonome… » Bref, un extraterrestre ! Du désir d'un profil idéal à l'exigence sous des propos agressifs, il n'y a qu'un pas que certains utilisateurs franchissent, malheureusement…

Dans l'exemple suivant, nous avons dû corriger les multiples fautes de grammaire et d'orthographe afin de vous en faciliter la lecture, tant l'écrit était déplorable. Il va sans dire que nous réprimons fortement ce type de propos agressifs envers une certaine catégorie de la gent féminine. D'autant que, dans ce cas véridique, l'homme de 51 ans n'avait posté aucune photo de lui !

La touche ras-le-bol

« À toutes ces dames avec leurs photos prises devant des magasins de luxe, des voitures de luxe, le casino de Monaco ou autres signes extérieurs de richesse, qui se prennent pour des stars de téléréalité, qui nous laissent penser que vous êtes intéressées exclusivement par un mec avec de la thune... appuyez sur la petite croix. Merci. »

D'autres requêtes nous semblent défensives, voire revanchardes :

- « Photos retouchées par des filtres, exit ! »
- « Pas de conversation après un match, à quoi ça sert ? »
- « Je ne suis pas ici pour me vendre ni pour me faire adopter. » (Référence à Adopte.com ou Adopte.App ?)
- « Mieux vaut être seule que mal accompagnée. »

Même si parfois la colère prend le dessus, certains annoncent clairement qu'ils ne supportent plus de perdre du temps en lisant des profils de gens superficiels qui se présentent systématiquement comme parfaits dans une vie déjà « ultra » parfaite. Ils perdent en crédibilité à leurs yeux. Peut-être à raison…

La touche ras-le-bol

«Bonjour... ou bonsoir Mesdames,
À vous qui êtes très sportive, ultra-voyageuse, ultra-cultivée, ultra-sociable, avec des enfants merveilleux, une vie hyper-fun, qui faites ce que vous aimez... qui prenez la pose en tournant la tête de trois-quarts avec une bouche en cul de poule et un air mystérieux... Sans compter une description pleine de citations tirées de je ne sais quels ouvrages mélangeant le Feng Shui et le développement personnel/relationnel... Merci de ne pas me liker. Je suis dans la vraie vie moi, pas dans celle des réseaux sociaux.»

Malheureusement, des femmes qui en veulent à la gent masculine existent également sur les réseaux Click & Love. Elles sont même souvent assez cinglantes.

Les propos paradoxaux

Par ailleurs, soyez attentif aux propos paradoxaux. Ils sont plus nombreux que l'on croit ! Par exemple, un homme de 53 ans écrit rechercher une « relation sérieuse », mais en même temps, une « relation libre » !!! Un autre de 42 ans se propose pour une relation sérieuse sans poster aucune autre information sur lui-même, pas même sa taille ni son lieu de vie.

Tatiana, 43 ans, écrit : « Mes goûts sont simples. Je me contente facilement du meilleur. Je suis parfaite dans mon imperfection. » Retouchée de la tête aux pieds, elle se met pourtant glorieusement en scène dans des lieux prestigieux et paradisiaques peu accessibles à la plupart d'entre nous. Par ailleurs, supporte-t-elle vraiment ses imperfections avec autant de passages flagrants sous le bistouri ? Pour une femme qui se prétend simple, nous découvrons qu'elle arbore, non sans fierté, une bibliothèque de 482 photos spécialement racoleuses sur son Instagram ! Quelle farce...

Une autre écrit : « J'adore débattre sur tout sans prise de tête. » Comment *débattre* si nous sommes déjà en accord et sachant que tout désaccord nous invite à argumenter ? Et puis… doit-on débattre de *tout* ? Voilà un énoncé paradoxal puisqu'il n'y a pas d'échanges d'idées sans cogiter ni délibérer de nos points de vue respectifs. Et donc peut-être se « prendre la tête » parfois…

Les incohérences

Dans la série des incohérences, certaines descriptions sont en inadéquation avec les photos présentées. Par exemple, nous avons lu « Homme sensible et intelligent affublé d'une âme de clown » ; or il n'y avait que quatre photos, sans aucun sourire, sur le profil et l'homme arborait une tête de repris de justice !

Un autre homme de 46 ans ne montrait que quatre photos (sans tête) uniquement pour valoriser son corps musclé et bien proportionné. Comment peut-il attirer les femmes qui recherchent une relation amoureuse alors qu'il inscrit par ailleurs qu'il recherche lui-même une « Relation sérieuse » ?

Les descriptions mystérieuses

Êtes-vous émoustillé par les descriptions mystérieuses ? L'intrigue stimule-t-elle chez vous la curiosité ou, au contraire, freine-t-elle l'audace de découvrir ce qui se cache derrière les mots ou les sous-entendus ?

Virginie, 47 ans, s'est décrite de façon intéressante avec un beau phrasé, tout en ajoutant : « J'ai un métier atypique. » Il y a de fortes chances que vous ayez le réflexe de lui demander lequel, non ?

Raphaël, 53 ans, nous a confié avoir reçu une question faisant suite à sa requête « Animaux à rayures bienvenus ! ». Il était persuadé que seules les personnes ciblées pouvaient comprendre. À raison… Une dame n'ayant pas compris qu'il s'agissait d'une préférence de rencontre avec une femme HP ou HPI (à Haut Potentiel ou Haut Potentiel Intellectuel) lui a demandé s'il s'agissait pour lui d'une préférence sexuelle zoophile…

Celui qui veut jouer le mystère et qui est suffisamment intelligent se livrera tout de même à un jeu d'écritures romanesques ou humoristiques afin d'attirer les plus curieux et les aventureux. D'autres ratent le coche lamentablement : un homme de 46 ans écrit : « Je te préviens, si tu swipes à gauche, tu risques de passer à côté de quelque chose ! »… Pas si sûr…

Les descriptions originales et sympathiques

A contrario des cadres vides, certaines personnes prennent le temps de réfléchir à leur bio et font preuve d'originalité, ce qui résulte en des descriptions pleines d'esprit et qui font sourire. Par exemple :

- « Juste un gars facile à vivre, qui parle trop et qui aime le football. »
- « Mes passe-temps sont Netflix et dormir… »
- « Je suis breton. Oui je sais… désolé. Voir ça avec mes parents ; moi je n'y peux rien ! »
- « Je ne peux pas te promettre le monde, mais je peux te promettre de t'acheter des sushis tous les mardis. »
- « Ma mère me dit que je suis un bon parti et je suis d'accord avec elle ! »
- « Ni villa, ni yacht, ni jet privé et mes tablettes de chocolat sont rangées dans le placard. »

Savourons d'autres énoncés sympathiques et judicieux :

- « Cherche zébrette raffinée, élégante avant tout. »
- « L'important n'est pas la taille, mais d'être à la hauteur. »

Qu'en disent nos témoins ?

Mimi, 48 ans, écrit : « Joie de vivre, sportive, épicurienne, rêveuse, empathique, honnête. La tête dans les étoiles et les pieds sur terre... Voici quelques termes qui me caractérisent plutôt bien ! J'aime la douceur de vivre, les challenges, les gens, la bienveillance et le partage. Curieuse de tout, j'aime les échanges, converser pendant des heures et refaire le monde (sans prétention aucune). Le reste est à découvrir... »

À l'instar de la description de cette femme de 48 ans, plus vous lirez des « cartes de visite » aussi limpides et fluides, plus vous likerez avec confiance et vous vous donnerez une chance de matcher. Malheureusement, tous les utilisateurs ne sont pas si transparents et certains utilisent un langage qu'il vous faudra décoder.

CHAPITRE 12

DÉCODEZ LES EXPRESSIONS TOUTES FAITES

Outre les possibilités de percevoir des éléments importants à vos yeux à travers les photos, apprenez à décoder les expressions toutes faites insérées dans les descriptions. Ces quelques expressions sont stéréotypées, alors même que leurs auteurs n'en ont pas conscience. À se demander comment ils arrivent à tous écrire les mêmes choses…

Qu'est-ce que ça signifie?

Nous allons passer en revue ce que sous-entendent ces personnes à travers un petit lexique, en osant quelques hypothèses. Sachez tout de même que de nombreuses personnes n'ont pas besoin d'être décodées!

Un homme de 53 ans écrit: « Pas de prise de tête, mais bienveillance et empathie. »

L'homme vend l'idée qu'il est à l'écoute, mais il ne supportera pas les remarques négatives ni les attentes, les insatisfactions, les demandes de changement au niveau de son comportement ou de son caractère. Il anticipe qu'il ne fera pas d'efforts particulier pour s'adapter aux exigences, même légitimes, de l'autre. Or, ses propositions écrites sont antinomiques, car quand on se dit bienveillant et empathique, cela implique naturellement une propension à l'écoute des besoins profonds d'autrui. Lorsque vous vous intéressez à l'autre avec sincérité, les critiques qui vous sont parfois adressées sont censées vous remettre en question *a minima*. Ce sont des moments de « prise de tête » qu'il vous faut accepter ! C'est ce qu'on appelle la communication. Vivre en couple implique des frictions, au moins de temps en temps…

« Ici pour faire de belles rencontres. »

Pas une mais plusieurs ?

« *Carpe diem.* »

Cette expression latine signifie « cueille le jour ». La personne qui l'écrit dans sa bio rappelle que la vie est courte et qu'il lui faut en profiter. Il s'agit d'une maxime que l'on trouve régulièrement dans les présentations des hommes de plus de 40 ans en recherche d'aventures sur les plateformes Click & Love. Il y a une cohérence avec le fameux « Rien de très sérieux », qu'ils indiquent dans la section « Intentions de recherche ». Beaucoup utilisent cet adage sans réellement savoir qu'il s'agit d'une vision philosophique et sage de la vie extraite des Odes d'Horace (entre les années 23 et 7 av. J.-C.). Ils envoient plutôt ici un message d'ordre charnel et épicurien sous-entendant qu'ils n'ont aucunement l'intention de construire une relation à long terme.

« Rencontres sans pression. »

Les femmes qui acceptent de vous rencontrer une première fois dans un lieu public préviennent ici qu'elles ne s'obligent à rien, encore moins à passer la première nuit avec vous. L'homme qui écrit cela a peut-être l'intention d'amadouer une femme méfiante en la rassurant. Il se met implicitement dans la catégorie des « mecs bien ». Pourquoi rassurer une femme qui se trouve elle aussi inscrite sur un réseau de rencontre ? Les manipulateurs savent utiliser ce stratagème.

« Rien de sérieux. »

La personne, souvent un homme, recherche une aventure simple sans idée de poursuivre ou de construire sur le long terme. Les femmes, quant à elles, n'inscrivent pas « Rien de sérieux », mais disent chercher à « Se faire des amis ». Deux sexes, deux manières de dire les choses…

« Envie de ressentir nos sensations. » (Affublé de deux coupes de champagne en émoji)

Envie de partager et/ou prodiguer des sensations sur un mode plus sensuel que purement sexuel (en apparence !). La formule inclut probablement des massages sensuels dans la joie et l'allégresse, qui découleront forcément sur des activités plus sexuelles que spirituelles…

« Essayer de nouvelles choses. »

S'agit-il d'un ou d'une anticonformiste « *open* » à tester en votre compagnie le libertinage, le BDSM ou l'échangisme ? Ou alors de quelqu'un qui est prêt à tenter des nouvelles activités sportives, des expériences culinaires ou des destinations inconnues ? Mystère…

« Je suis un épicurien. »

L'homme qui se prétend épicurien sous-entend probablement aimer les plaisirs de la chair ! Et pas seulement la chair de crabe…

Type de relation recherché : « Relation libre », « Exploration », « Polyamoureuse »

Dans tous les cas, malgré les nuances de ces trois types, la personne ne veut pas se cantonner à une seule conquête et aura des rapports sexuels avec différents partenaires. Qu'on se le tienne pour dit !

« À la recherche d'un.e partenaire dans le crime. » (Souvent cité en anglais : « *Partner in crime* ».)

Le sens premier est de rechercher un.e complice dans des activités similaires. Isabelle ressent pourtant une connotation sexuelle dans cette expression.

« Je suis célibataire et je compte bien le rester. »

Signifie : « J'aime trop la liberté. » Et c'est à se demander pourquoi ce célibataire s'inscrit sur un site de rencontre !

« Vrai célibataire !!! »

Signifie : « Il ne faut rien changer à mes habitudes ni à mes rituels de célibataire. » Autre interprétation possible : « Je ne suis ni en couple ni marié à la recherche d'une aventure. » Peut-être répond-il à de nombreuses femmes qui ont demandé aux hommes mariés de passer leur chemin… Dans tous les cas, c'est mal dit !

« J'adore passer du temps avec mes enfants ! »

L'individu qui écrit qu'il adore passer du temps avec ses enfants veut passer pour un bon père ou une bonne mère, mais dans un contexte de relation sentimentale, il est possible d'anticiper que tous les créneaux libres seront déjà comblés par la présence des enfants.

Et puis, nous avons lu ces hommes qui cochent dans leurs cinq centres d'intérêt et passions « Sport à domicile » et « Essayer de nouvelles choses ». Notre sentiment est qu'il s'agit d'allusions sexuelles plus que d'informer qu'ils disposent d'une salle de sport à domicile…

Qu'en est-il des sigles et abréviations ?

Certains sigles et abréviations étranges peuvent paraître dans une bio, le plus souvent sans aucune explication, comme si tout le monde savait ce qu'ils signifient ! Voici donc quelques-uns des plus fréquents.

FWB = *Friends With Benefits*

Signification : « Je suis prêt à des relations sexuelles suivies, mais pas d'amour, juste de l'amitié et une certaine complicité, sans former un couple. »

ONS = *One Night Stand*

Signification : seulement une nuit.

#MMM = *Mixed Marvelous Mind*

Ce sigle est 100 % français et signifiait en 2019 : « Meufs, Mecs, Merveilleux ». Ce code reste encore nébuleux même s'il est utilisé par les personnes qui prônent une sexualité bienveillante, le consentement et l'inclusivité. Elle privilégierait l'écoute et la communication plutôt que le jugement.

420 = Consommateur de cannabis.

NO OMS = Non-consommateur de cannabis.

DTF = *Down To Fuck*

Signification : juste là pour une partie de jambes en l'air.

LTR = *Long Term Relationship*

Signification : recherche une relation durable et sérieuse.

Dans un registre analogue, mais plus sophistiqué, vous pouvez lire ou faire vous-même référence à votre style de personnalité en vous appuyant sur les 16 personnalités du test psychologique MBTI (Myers Briggs Type Indicator). Ce test identifie quatre paires de préférences chez chaque individu constituant son style de fonctionnement et son rapport au monde.

Les domaines retenus sont :

- l'extraversion (E) ;
- l'introversion (I) ;
- la sensation (S) ;
- l'intuition (N) ;
- la pensée (T) ;
- le sentiment (F) ;
- le jugement (J) ;
- la perception (P).

Ainsi, vous pouvez parfois lire des combinaisons mystérieuses telles que INTJ, ENTP, INFJ, ENFJ (type de personnalité de vos deux auteurs !), ISTJ, ESFJ, ESTP, ESPF… Vous trouverez plus de détails pour le décodage en annexe 3. Pour répondre vous-même au questionnaire, rendez-vous sur le site https://www.16personalities.com/fr/test-de-personnalite.

La tendance de beaucoup de personnes en proie à la déception régulière de matchs non intéressants est de liker trop rapidement, à partir d'une ou plusieurs photos, sans analyser les éléments dans la description. Prenez vraiment le temps de revenir au profil, voire de faire des captures d'écran, afin de relire à tête reposée chacun des profils qui vous ont interpellé. Vous aurez moins de risques de perdre votre temps à discuter par écrit, pour ensuite vous apercevoir que la personne ne correspond pas à vos attentes.

PARTIE 5

RÉUSSISSEZ VOS PREMIÈRES CONVERSATIONS ÉCRITES

Une fois que vous avez créé un profil attractif et **détecté** des candidats susceptibles de vous correspondre, la prochaine étape consiste à démarrer des conversations écrites avec votre match. Dans cette partie, nous examinons les stratégies de discussions réussies, les questions qu'il vaut mieux poser à l'autre personne tout en évitant les sujets délicats. Cette étape est la première phase avant une rencontre en personne, en transitant par les appels audio, et éventuellement vidéo.

CHAPITRE 13

LES CLÉS D'UNE CONVERSATION CAPTIVANTE

Instaurer un dialogue avec une personne sur une appli Click & Love peut être excitant, mais paradoxalement intimidant. En effet, plusieurs ne se sentent pas à l'aise lors des premiers échanges avec des inconnus, même par clavier interposé. S'imaginer devoir engager des conversations « intéressantes » avec un match est très souvent anxiogène. Croire qu'il vous faudrait être d'emblée passionnant peut être très inhibant. La confusion entre « être intéressant » et « aborder des sujets intéressants » est malheureusement fort fréquente.

Lorsqu'une personne croit « qu'elle ne sait pas quoi dire », elle s'imagine le plus souvent répondre à l'injonction sociale sous-jacente « Il faut toujours dire des choses intéressantes ». Or, moins vous parlez de vos intérêts ou de votre vie, plus vous augmentez les risques de déclencher chez autrui ce que vous redoutez le plus : un désintérêt marqué. Sachez que personne n'est en lui-même « intéressant ». Tout dépend du sujet abordé et de chaque interlocuteur. En cela, même les plus spontanés d'entre nous (y compris les auteurs de cet ouvrage !) ne savent pas d'avance ce qui peut provoquer la curiosité d'autrui…

Comment engager des conversations par écrit ?

Afin de créer un premier échange accrocheur, basez-vous sur les points communs qui vous interpellent. Il est pertinent de détecter les centres d'intérêt de votre match. Cela se perçoit souvent sur les photos présentées ou dans sa description. Ainsi, laissez-vous inspirer en reprenant la fiche du profil. Prenez le temps de l'inspecter et de réfléchir à ce qui se révèle intéressant. Est-ce une ville, une région, une passion, un sport, un hobby, un animal, un métier, une formation… ?

Par conséquent, vous allez être en mesure de personnaliser votre phrase d'introduction et vos « *icebreakers* » (formules brise-glace), qui vont probablement interpeller votre nouveau crush. Vous vous distinguerez alors des autres prétendants.es. Pour cela, commencez par utiliser toujours le prénom ou le pseudo de votre interlocuteur.trice !

Tutoyer ou vouvoyer ?

La question va être répondue en fonction de votre sensibilité, de votre approche générale dans les applis et sites de rencontre, de vos codes sociaux et des habitudes de votre pays. Cependant, il semble, d'après les expériences de Gérald, que ce soient les femmes qui s'expriment d'emblée en tutoyant. Néanmoins, lorsqu'elles vouvoient, il demande rapidement si le vouvoiement est de rigueur. Tout comme Isabelle, il trouve cette marque de politesse plus élégante. Isabelle, habituée au vouvoiement, remarque qu'elle est embarrassée lorsqu'elle s'adresse ainsi à une personne qui lui est inconnue et que celle-ci revient constamment au tutoiement…

Sur Bumble, les femmes initient l'approche. Gérald s'adapte au « Hello » en tutoyant, mais si son interlocutrice s'exprime avec politesse en commençant par « Bonjour [pseudo ou prénom] » et qu'elle le vouvoie, il le fait en retour ou, dans le doute, utilise une phrase du type « Bonjour [prénom ou pseudo], ne serait-ce pas les rues de Rome en arrière-plan ? ». Dans ce cas, il n'utilise ni « vous » ni « tu ».

Notons que les anglophones et les personnes d'autres cultures peuvent avoir de la difficulté à comprendre la notion du rôle social du vouvoiement. Cela s'explique par le fait que dans leur propre langue, cette nuance n'existe pas. Aussi, les jeunes d'aujourd'hui n'utilisent plus spontanément le vouvoiement, afin de provoquer et conserver une atmosphère amicale.

La note des auteurs

L'usage du vouvoiement et du tutoiement est significatif d'une appartenance à un groupe social. Chacun détient déjà ses propres codes. Il permet une reconnaissance des uns et des autres comme faisant partie «du clan». Cela est valable dans toutes les strates de la population.

Soyez original !

Évitez les messages ennuyeux ou les salutations génériques comme « Salut, ça va ? ». Essayez plutôt de trouver quelque chose d'original pour attirer l'attention de l'autre. Si vous vous en sentez capable, utilisez l'humour pour briser la glace et rendre la conversation plus légère.

Pour maximiser vos échanges, essayez d'introduire une question à chaque interaction. Cela donnera à la personne, qui peut être réservée ou en manque d'inspiration, la possibilité de répondre et de poursuivre la conversation. Voici quelques exemples d'*icebreakers* pour entamer une conversation sur un réseau Click & Love :

- « Bonjour [prénom ou pseudo], je m'appelle [prénom ou pseudo]. J'habite [telle ville]. Êtes-vous originaire de la région ? »
- « Hello [prénom ou pseudo], j'ai remarqué que tu avais des photos de toi en train de voyager. Quelle est ta destination préférée jusqu'à présent ? »
- « Bonjour [prénom ou pseudo], sais-tu ce qui est intéressant sur ta photo de profil ? »
- « Hello [prénom ou pseudo], j'ai vu que tu aimes la musique, quel est ton style préféré ? »
- « Bonjour [prénom ou pseudo], seriez-vous un animal à rayures ? » (Alors que la personne a posté une photo de zèbres, faisant référence aux personnes à haut potentiel.)
- « Bonjour [prénom ou pseudo], si tu pouvais te téléporter n'importe où dans le monde en ce moment, où irais-tu ? »

Si un pseudo ne semble pas avoir de signification particulière, tel que BS05 par exemple, vous pouvez tenter une approche en disant : « Bonjour BS05, il y a sûrement un prénom qui se cache derrière ce pseudo mystérieux ? »

Ces exemples peuvent aider à briser la glace et à engager une conversation intéressante avec quelqu'un.

Quelles autres questions poser ?

Posez d'abord des questions fermées pour faciliter des réponses simples. Il s'agit de découvrir l'autre sous un aspect pratique, voire superficiel. Par exemple : « Quel prénom se cache derrière ce pseudo original ? », « Quel âge ont vos enfants ? », « Êtes-vous originaire de la région ? », « Êtes-vous actuellement ici en vacances ? », etc. Elles vont permettre à l'interlocuteur de « s'installer » dans la première phase de la discussion. Montrez alors votre intérêt, mais évitez de poser trop de questions successives.

Si l'intervalle entre les réponses est trop long, c'est que la personne est probablement occupée (au travail, par exemple) ; dans ce cas, mieux vaut reporter l'échange à plus tard, lorsqu'elle sera plus disponible, afin d'avoir un échange plus fluide et d'avoir toute son attention.

Les questions à partir d'une ou de plusieurs photos

Vous pouvez envoyer votre impression et une question à partir d'un paysage en arrière-plan qui vous interpelle. Par exemple, un monument connu ou étranger, et dans ce cas demander : « Est-ce que tu voyages souvent dans ce pays ? » ; « Cela ressemble à [lieu], c'était quand ? » ; « Quelle plage magnifique ! Quelle serait ta future destination de rêve ? » (Selon la réponse et la destination exprimée, vous rêvez… ou pas !)

Certains individus se montrent en tenue sportive de haut niveau (cyclisme, marathon, plongée sous-marine, kite-surf, etc.). C'est l'occasion de vous enquérir de la fréquence de cette pratique. Demandez s'il s'agit pour elle/lui d'un critère de sélection. Nous pensons que cette information est importante, car la pratique intensive d'un passionné peut parasiter, voire impacter, les moments consacrés au couple. Si le profil vous intéresse, mais que vous ne partagez pas ses hobbies, rappelez-vous qu'il n'est pas impératif de tous les partager, mais d'en avoir seulement quelques-uns en commun.

Si la photo est artistique, cela laisse supposer que la personne en a la fibre. Profitez-en pour lui dire : « J'aime beaucoup tes photos. Aurais-tu la fibre artistique ? »

Si la photo est ancienne ou floue, demandez : « De quand date votre photo [dans telle situation] ? » Les photos actuelles prises par des smartphones sont de grande qualité ; il y a donc de fortes chances qu'une photo pixellisée provienne d'une vieille photo papier scannée !

Les questions à partir d'une description de profil

Certaines personnes ne mentionnent pas leur lieu de résidence habituel. Vous êtes en droit de poser la question : « Bonjour [prénom ou pseudo], je vois que vous êtes en ce moment dans [ma ville] ; en êtes-vous également résident ? » En effet, la géolocalisation des applis Click & Love vous situe l'un et l'autre à un instant T. Un profil peut se trouver temporairement à proximité sans pour autant y résider (c'est le cas typique de Happn).

Ceux qui ne mentionnent jamais leur lieu de vie ne souhaitent généralement pas de relations sérieuses. Ils utilisent souvent des expressions comme : « Sans prise de tête », « *Carpe diem* », « Je suis épicurien » (pour ceux qui ne connaissent pas la véritable signification du concept, voir le chapitre 12). Pour beaucoup d'entre vous, cela représente un frein à une éventuelle rencontre. Ou bien êtes-vous prêt à une histoire sans lendemain ?

En revanche, d'autres peuvent parfaitement envisager la possibilité d'une fréquentation à distance. Dans cette hypothèse, posez-vous la question si cela constituerait pour vous un obstacle. Demandez-lui si c'est ce qu'il/elle envisage par une question du genre : « Pensez-vous être capable de gérer une relation à distance ? » ou encore : « Avez-vous déjà vécu une liaison à distance ? » Le cas échéant, vous pouvez continuer par : « Comment cela s'est-il passé ? », et ainsi se poursuit l'échange…

Certes vous avez tout intérêt à vous montrer curieux, mais n'hésitez pas à partager aussi votre quotidien, vos goûts, vos points de vue et vos expériences pour équilibrer la conversation écrite ; sans quoi, un monologue s'installera et votre interlocuteur pourrait avoir l'impression de répondre à un questionnaire d'embauche !

Dans tous les cas, soyez vous-même et ne vous forcez pas à être quelqu'un que vous n'êtes pas. Cela vous aidera à trouver des correspondants qui vous conviennent vraiment et avec lesquels vous pourrez avoir des conversations authentiques.

Avis au pratiquant

Lors d'un échange écrit actif, attendez tranquillement les réponses. Lorsque vous posez plusieurs questions simultanées, les échanges se télescopent. Ce décalage peut provoquer confusion et quiproquos.

CHAPITRE 14

LES MALADRESSES ET LES QUESTIONS PROBLÉMATIQUES

Dans tout échange, il y a des règles. Évidemment, il est important que les deux personnes puissent s'exprimer, afin d'éviter les monologues. Si la personne qui vous intéresse ne vous pose pas de questions alors que vous lui en posez pour apprendre à la connaître, interrogez-vous. Assurez-vous également d'éviter les maladresses qui suivent.

Quelques erreurs à ne pas faire

Il est préférable d'éviter les phrases d'introduction qui peuvent être rebutantes ou pire encore, offensantes, inappropriées ou trop personnelles dès le début. Ne pas mettre mal à l'aise votre interlocuteur.trice et ne pas le/la provoquer est une priorité. Voici quelques types *d'icebreakers* à éviter :

- Les messages trop génériques ou clichés qui ne montrent pas d'effort ou d'intérêt réel pour la personne, de type « Salut, ça va ? », « Hello » tout court, etc.
- Les messages trop longs et détaillés utilisant des termes trop sophistiqués ou un langage trop soutenu qui peuvent être perçus comme intimidants ou envahissants.

- Maintenir le tutoiement alors que votre interlocuteur.trice emploie le vouvoiement.
- Les fautes d'orthographe et de grammaire ainsi que l'absence totale de ponctuation que vous ne vous donnez pas la peine de corriger.
- Le langage SMS utilisé dans tous les sens et inapproprié (Par exemple : LOL[7], MDR[8], Bjr[9], Slt[10], etc.) ou les émoticônes (ou émojis) de bisous ou de baisers ardents sans se connaître.
- Les sujets ennuyeux ou controversés, tels la politique ou la religion.
- Les compliments gratuits sur la beauté de l'autre ou sur ses yeux de biche. (Par exemple : « Vous avez beaucoup de charme. »)
- Les blagues qui pourraient être mal interprétées ou offenser la personne.
- Les remarques sur l'apparence physique de la personne (Par exemple : « Tu pèses combien ? », « Quel est ton tour de poitrine ? »)
- Les questions personnelles trop intimes dès le début.

La touche ras-le-bol

Évoquons les personnes qui ne s'expriment que sous forme rudimentaire, d'onomatopées ou d'émoticônes. Aucun n'est en mesure de démarrer et d'alimenter la conversation de façon significative.

7. Le vocable « LOL » provient de l'anglais et est l'acronyme de *laughing out loud*, qui signifie en français « rire aux éclats » et plus familièrement « mort de rire ». Ce mot a fait son apparition dans le Petit Robert en 2013.
8. MDR signifie « Mort de rire ».
9. Bjr pour « Bonjour ».
10. Slt pour « Salut ».

Ne soyez pas trop insistant avec les autres utilisateurs. Certains aiment prendre plus de temps afin de mieux vous connaître à travers les échanges écrits. Évitez de les harceler en envoyant trop de messages (se dit spammer,) notamment pour demander une rencontre en personne rapidement. Laissez la conversation se dérouler naturellement. Cela dit, attendre trop longtemps que l'autre manifeste son désir de passer à l'étape suivante risque de lasser. Trouvez le juste moment pour passer à la phase suivante ou stoppez la correspondance. Nous expliquons comment dans la suite de cet ouvrage.

Les questions problématiques

Oseriez-vous demander : « Depuis quand êtes-vous célibataire ? » Un nombre important de personnes traînent trop souvent de « vieilles casseroles », autrement dit, elles pensent encore malheureusement à une ex-relation et ne sont pas disponibles sentimentalement. La recherche inconsciente d'une relation « pansement » est tout à fait probable. La notion de célibat, selon certaines personnes, correspond à l'époque où nous ne sommes pas ou plus en couple (ce qui est le cas des gens divorcés). La question « Depuis quand êtes-vous célibataire ? » crée une confusion qu'il faut faire préciser avant d'y répondre. Car en effet, de quoi parlons-nous ? De célibat ? D'une relation sérieuse ? D'une aventure ? Du dernier rapport sexuel ?

D'ailleurs, la notion d'aventure est-elle claire pour chacun ? Selon Gérald, il n'y a pas de notion temporelle, puisqu'il n'y a pas de projection dans l'avenir. Pour Isabelle, au contraire, le concept d'aventure s'apparente plus à une relation écourtée, même s'il y a eu des projections dans le futur…

Quid de : « À quand date ta dernière relation ? » Pour Isabelle, cette question est très embarrassante. Elle lui semble une curiosité mal placée. Gérald propose une approche plus subtile et qui serait moins risquée: il explique que son inscription ne date pas de sa rupture. Il a attendu d'avoir traversé sa «phase de deuil». Il rassure ainsi son interlocutrice. Il donne alors la date et cela lui permet de demander en retour depuis quand elle est inscrite. Il obtient toujours une réponse. L'erreur serait de demander: «À quand date ta dernière aventure?» *Top secret!*

Qu'en est-il de la question: «Qu'est-ce qui t'a attiré sur mon profil?» En fonction de ce que la personne va répondre, l'autre peut rebondir et tirer le fil d'un thème («Tu fais de la rando, comme moi. Quel est ton endroit préféré pour marcher?», «Moi aussi j'aime le cinéma d'auteur. Quel est ton film favori?»). Mais elle peut également mettre l'autre dans l'embarras. Isabelle se sent mal à l'aise lorsqu'un homme lui pose cette question. Ça lui donne l'impression qu'il est motivé par un intérêt égocentrique, qu'il veut recevoir des compliments. Il peut y avoir des aspects qui lui plaisent dans ses photos, mais elle n'a pas forcément envie de les dévoiler à cette phase de la correspondance.

Quant à la femme qui pose cette question, nous craignons qu'elle espère également une réponse précise qui la mettrait en valeur. Le piège involontaire est tendu, car vous ne savez pas ce que l'autre attend. Nous ne recommandons pas cette approche.

Autre question compliquée: «Quelle est ta vision de la relation idéale?» C'est la question qui tue! C'est comme s'il nous fallait en avoir une idée précise. Gérald pense qu'elle n'est pas adaptée, car d'une part, la personne a sûrement une idée en tête lorsqu'elle pose cette question, et d'autre part, elle donne le flanc à des réponses mièvres et stéréotypées. Beaucoup de nos témoins ont répondu de façon concomitante à propos des raisons de leur inscription. Et puis… tout le monde ne sait pas toujours au plus profond de lui ce qu'il attend de la vie ou du futur avec l'autre… Il y a des visions et des projections conscientes, mais aussi non conscientes ; alors comment répondre de façon si précoce ?

Chaque personne est différente et va se positionner avec toute sa spontanéité et sa personnalité. Votre vision de l'avenir ou des possibilités d'évolution dépendra donc d'elle et pas seulement de vos désidératas. Cela peut varier en fonction de l'évolution des échanges et du temps pour vous découvrir mutuellement. En revanche, nous pensons qu'il peut être intéressant de mentionner ce qui est primordial à vos yeux sans nécessairement poser la question à l'autre ; c'est une question piège ! Par ailleurs, vous pouvez la détourner en évoquant ce que vous ne voulez pas.

Que faire si la conversation stagne ?

Ne laissez pas la conversation s'enliser. Si le sujet en cours stagne ou devient ennuyeux, changez de thème afin que cela reste stimulant pour l'un et l'autre. Parlez de vous, reposez des questions pour redynamiser le dialogue. Soyez proactif. En suivant ces conseils simples, vous pouvez améliorer la communication avec votre match.

Relancer, oui, mais pour combien de temps ? Et si tout se fige soudain alors que l'échange semblait fluide ? Comment interpréter ce silence de plusieurs jours ? Pour sa part, Isabelle ne relance que si elle porte un intérêt réel au correspondant. Après réflexion, si elle ne ressent ni inquiétude ni frustration, elle décide d'enlever le match enregistré sur l'application concernée. Dans tous les cas, mieux vaut une décision rapide afin d'éviter une attente inutile, voire anxieuse, que de vous questionner sur les raisons de l'autre, qui ne vous appartiennent pas. Il y a des millions d'utilisateurs sur les plateformes Click & Love. Il y aura toujours d'autres opportunités !

Et si l'échange par écrit s'avère, pour toutes sortes de raisons, de plus en plus « pénible », comment signifier la fin ? L'idée est de ne pas blesser l'autre en indiquant que vous stoppez la communication. Vous pourriez alors écrire « [Prénom ou pseudo], je réalise au cours de nos échanges qu'il n'y a pas autant de points de correspondance entre nous que je l'imaginais. Ce n'est pas bien grave, mais mieux vaut ne pas poursuivre le dialogue, qui risque de nous faire perdre du temps à l'un et l'autre. Tu as des chances de trouver ce que tu cherches alors je te dis bonne continuation ! »

La note des auteurs

Il est préférable de rester positif sur les sites Click & Love et de ne pas laisser les conversations négatives vous affecter. Ainsi, soyez ouvert d'esprit et ne vous laissez pas décourager par les conversations qui ne se passent pas comme vous le souhaitez.

CHAPITRE 15

QUAND ÉCHANGER LES NUMÉROS DE TÉLÉPHONE?

Combien de temps devrez-vous échanger par écrit avant de passer à une phase ultérieure? Tout dépend de votre connexion. Certains voudront passer rapidement à l'appel téléphonique, d'autres préféreront faire durer le plaisir de la correspondance écrite avant de prendre le téléphone.

Pour les plus instinctifs d'entre vous, la période d'échanges écrits va être de quelques heures (ou d'une dizaine de lignes échangées). Nos témoins hommes et femmes ont mentionné que trois à quatre jours étaient raisonnables, avec un maximum d'une semaine. Il n'y a pas de règle. Évidemment, ressentez si l'intérêt est mutuel et si vous vous sentez suffisamment en sécurité pour donner votre numéro de téléphone.

«Et si on se téléphonait?»

Voici un exemple d'invitation courtoise à un échange téléphonique: «Une conversation téléphonique nous donnerait plus d'informations en cinq minutes que trois jours d'échanges écrits. De plus, entendre la voix de chacun et la façon de s'exprimer est plus sympa et donne une meilleure idée de qui nous sommes. Serais-tu d'accord pour qu'on s'appelle?» Cela dit, si vous percevez à travers les premiers propos échangés que l'autre est sur un mode direct et efficace, autant demander très simplement « On peut s'appeler ? » sans autre formule.

Si le profil a préalablement sélectionné que son mode de communication privilégié était le téléphone, vous n'avez pas à hésiter. Certaines applications donnent même la possibilité d'appeler depuis leur système, soit en mode audio, soit en vidéo. À vous de voir ce que vous préférez.

Au téléphone, si vous remarquez des propos tendancieux à forte connotation sexuelle ou une barrière de votre intimité non respectée, des intentions en inadéquation avec vos objectifs, des propos incohérents ou hors contexte qui laissent supposer un déséquilibre mental, une dépendance affective évidente, une recherche manifeste de votre aisance financière, ou des comportements irrespectueux, irrationnels ou inappropriés, n'ignorez pas ces signaux d'alarme (*red flags*) ! Protégez-vous et mettez fin à la conversation.

Qui propose l'échange des coordonnées téléphoniques?

À savoir qui fait les premiers pas, il y aurait deux écoles de pensée. Soit vous demandez à votre interlocuteur s'il serait d'accord pour passer sur un réseau téléphonique (WhatsApp, Signal…) et vous donnez votre numéro de cellulaire; soit vous laissez le temps à l'autre de faire la démarche. Si les deux personnes montrent un intérêt mutuel et semblent à l'aise dans leur communication, l'une d'elles peut prendre l'initiative de proposer l'échange des numéros. En général, l'autre est d'accord avec cette idée.

L'adage « L'homme propose et la femme dispose[11] » est encore bien souvent ancré dans l'esprit de certaines femmes

11. Citation de Jules Renard, écrivain français (1864-1910).

(évidemment, dans un contexte entre hétérosexuels). Et c'est le paradoxe de l'époque actuelle où l'on demande à la fois aux femmes occidentales d'être plus proactives et aux hommes de ne pas les harceler. Un homme devient-il « harcelant » lorsqu'il tente tout simplement de séduire la femme qu'il convoite ? À un moment, il faudra bien se lancer !

Les normes traditionnelles suggèrent que l'homme prenne l'initiative dans les relations hétéros, et ce, même si les femmes se sont modernisées et émancipées. Selon notre étude, les hommes s'autorisent davantage à suggérer un échange des coordonnées téléphoniques. Aussi, lorsqu'une femme donne spontanément ses coordonnées téléphoniques, c'est qu'elle désire se faire appeler, et non appeler elle-même.

Qu'en disent nos témoins ?

Isadora, 59 ans, témoigne: «Personnellement, en tant que femme et dans un contexte social traditionnel, j'aurais tendance à laisser le temps à l'homme de faire ce premier pas. Cependant, je ne suis pas certaine que déroger à ce principe soit mal perçu par l'homme qui m'intéresse. Je ne voudrais pas qu'il file en pensant que je ne suis pas motivée!»

Certaines femmes sont frileuses à l'idée de partager leurs coordonnées, alors qu'elles ne risquent rien ! En effet, nous avons tous la possibilité de bloquer un numéro sur le téléphone *a posteriori,* sans qu'aucune information privée n'ait été partagée. De nos jours, nous risquons davantage d'être identifiés avec une photo de profil grâce à l'IA… De plus, il n'y a pas si longtemps, étaient livrés dans un annuaire téléphonique les noms, prénoms, numéros de téléphone et adresses ! Au pire, pour les plus suspicieuses, il reste sécurisant de prendre le numéro de l'homme et de l'appeler au téléphone en masquant son numéro (#31 # pour la France). Attention, si l'interlocuteur a configuré son smartphone sur « rejet d'appels inconnus », elles tomberont systématiquement sur sa boîte vocale. Par WhatsApp, par contre, tous les numéros sont visibles.

La confiance se construit dans le temps et la réciprocité. Soyez clair sur vos intentions et vos attentes vis-à-vis de la personne qui vous intéresse. Ne cherchez pas pour autant à la convaincre ou à la séduire à tout prix. Si vous avez l'impression que le dialogue écrit est fluide et intéressant, c'est sûrement le bon moment pour proposer de passer à l'étape suivante et de se parler au téléphone ou en visio.

PARTIE 6

OSEZ LE TÉLÉPHONE, PUIS LA VISIO !

Vous avez échangé vos numéros ? Super ! La phase du téléphone permet une approche différente de l'écrit et offre une multitude de possibilités afin d'accéder au premier rendez-vous. Voyons de quoi il retourne !

CHAPITRE 16

POURQUOI LE TÉLÉPHONE?

La décision de proposer de se parler au téléphone dépendra de plusieurs facteurs: la qualité de vos échanges écrits, le temps que vous avez passé à discuter sur l'application et votre niveau de confort avec l'autre.

Toutefois, si vous percevez que la personne n'est pas à l'aise ou qu'elle n'est pas prête à passer à cette étape, ne la forcez pas. Prenez votre temps et continuez vos échanges en ligne afin d'instaurer un climat de confiance. N'oubliez pas qu'il est important de respecter son rythme et ses préférences. Si vous ne le faites pas, elle peut prendre peur et vous ghoster[12]. Vous prenez alors le risque qu'elle vous ignore soudain et ne vous donne plus aucun signe de vie, sans explication…

Les clés de l'appel téléphonique

Certaines plateformes Click & Love permettent un appel vocal (ou en vidéo) sans qu'on ait besoin de communiquer ses coordonnées personnelles. C'est le cas par exemple de Bumble et de Tinder (visio).

---

12. Le *ghosting* consiste à rompre soudainement tout contact avec quelqu'un sans fournir d'explication. C'est un anglicisme familier. Il pourrait se traduire en français par «faire le mort».

Si vous sentez que le courant passe, il est recommandé de proposer un appel téléphonique dès que possible. En effet, la concurrence est rude sur les applications et les sites de rencontre et les premiers échanges sont souvent très fragiles. Si vous attendez trop longtemps, quelqu'un peut vous devancer et vous risquez même de vous faire ghoster.

Lors du premier contact téléphonique, il est opportun de créer un environnement propice à la conversation. Choisissez un moment calme de votre journée et un lieu tranquille où vous ne risquez pas d'être interrompu. Installez-vous confortablement pour être concentré sur la discussion. Tâchez d'être totalement disponible pour une demi-heure minimum, afin de ne pas laisser en plan un match intéressant.

Tout d'abord, vous pouvez remercier l'autre personne d'avoir accepté le contact téléphonique. Par exemple : « Je suis très flatté que tu aies accepté qu'on se parle en direct. Moi, j'éprouve plus de plaisir à discuter ainsi, plutôt que par SMS. J'ai tellement de questions que cela prendrait des heures par écrit ! »

Vous allez probablement passer par l'étape des questions de base que l'autre a déjà entendues maintes fois, comme : « Depuis combien de temps es-tu inscrit sur ce site et qu'en penses-tu ? Y as-tu rencontré des gens intéressants ? » Et ainsi de suite, selon les réponses de votre interlocuteur. Cela dit, il n'est pas nécessaire de commencer par connaître les intentions de votre interlocuteur en étant inscrit sur une plateforme Click & Love. Cette approche peut venir plus tard.

Pensez à aborder des thèmes pertinents et intéressants pour les deux parties. Posez des questions sur ses centres d'intérêt, ses activités, ses loisirs ou ses passions. N'hésitez pas à *rebondir* et à communiquer des informations sur vos propres passions, qu'il s'agisse de musique, de cinéma, de littérature ou de sport, mais également sur vos projets, tels que les voyages ou les objectifs professionnels, ou encore sur tout autre sujet qui vous tient à cœur, comme vos liens amicaux, etc.

Faites en sorte que la personne à l'autre bout du fil ait envie d'en découvrir davantage à votre sujet. Ces échanges devraient vous aider à mieux comprendre le quotidien, les aspirations, les rêves, la personnalité et les valeurs de chacun. Enfin, vous pouvez parler avec honnêteté et simplicité de vos expériences de vie, de vos réussites et de vos échecs.

Quels que soient les sujets que vous choisissez, il est important de rester authentique et de ne pas avoir peur de vous ouvrir à l'autre. Le premier contact téléphonique est une occasion précieuse de vous découvrir mutuellement.

Les avantages de l'appel téléphonique

Les avantages de l'appel téléphonique sont très nombreux. Nous en avons répertorié quelques-uns, que vous trouverez dans la liste qui suit. Nous décrivons plus en détail certains d'entre eux un peu plus loin.

- Vous assurer que vous parlez à la bonne personne en entendant sa voix, et donc que vous n'êtes pas devant un faux profil (si tous les éléments du profil vous orientent vers un individu issu de la francophonie – prénom et nom de famille, etc. – et que vous entendez une voix anglophone, par exemple, vous vous poserez des questions).
- Fluidifier les échanges qui devenaient trop compliqués et superficiels par textos.
- Rendre les propos plus riches et intéressants qu'à l'écrit.
- Entendre la voix, et ainsi, mieux visualiser la personne.
- Percevoir son niveau de langage ou les intonations spécifiques de son milieu social.

- Mieux capter sa personnalité.
- Se donner une chance supplémentaire de séduire ou de rassurer l'autre.
- Stimuler davantage le désir de se connaître en vrai.
- Réaliser, au contraire, qu'il ne faut pas poursuivre par une rencontre physique si l'échange est désagréable ou si vous n'êtes pas compatibles.

Détecter les faux profils: Les faux profils sont malheureusement courants sur les applications de rencontre. Il est donc important d'être vigilant pour éviter les déceptions et les arnaques. Il n'est pas évident de les détecter lors des dialogues écrits, surtout si vous n'avez pas prêté attention aux incohérences du profil.

Posez des questions spécifiques sur des domaines que le profil prétend bien connaître. Les personnes utilisant des faux profils peuvent avoir tendance à être évasives ou à répondre de façon incohérente. Demandez une conversation téléphonique, ou mieux, une visio. Si l'autre refuse ou trouve des excuses suspectes, cela devrait vous alerter. En suivant ces conseils, vous pouvez réduire les risques de tomber sur un faux profil et vous protéger des arnaques sur les applications de rencontre. Nous reviendrons sur les dangers liés à ce sujet dans un chapitre ultérieur consacré à votre sécurité.

Fluidifier les échanges: S'appeler permet de rendre la discussion initiée par textos plus fluide, plus riche et évidemment plus interactive. Le premier avantage de l'appel audio est de permettre une réponse et une réaction en temps réel. Si nous comparons avec l'échange écrit, ce dernier présente l'inconvénient d'un décalage lorsque l'on correspond sur deux, voire trois, sujets en même temps. La communication est alors considérablement ralentie: vous devez attendre la réponse à votre question pour en formuler une autre ou réagir. C'est une posture difficile à tenir pour les esprits vifs ou impatients !

Rendre les propos plus riches : L'autre avantage du dialogue en direct est la richesse des éléments d'information dévoilés et reçus. Il laisse beaucoup de place à la spontanéité et peu aux calculs de filtrage… En quelques minutes, nous multiplions par dix le nombre d'informations que l'on aurait reçues par écrit.

Prêter attention à toutes les formes d'expression : Nous évaluons facilement la façon dont la personne s'exprime, son niveau de vocabulaire, son élocution et si elle a des tics verbaux (par exemple : « donc voilà ! »). Des expressions à la mode traversent les époques, mais peuvent signifier surtout un manque de vocabulaire pour nuancer sa pensée.

De plus, un grand nombre d'aspects inconscients ou involontaires sont fournis, tels que le ton de la voix, son volume, son débit, les suspensions respiratoires, les raclements de gorge, le timbre, et surtout, les intonations, qui montrent clairement l'état émotionnel de votre interlocuteur et par là même le vôtre. Il s'agit de la dimension dite paraverbale de la communication. Vous pouvez même déceler les capacités d'éloquence de votre interlocuteur. Or, à l'écrit, seules certaines ponctuations, telles que les points d'exclamation (un ou trois), les points de suspension (toujours trois) et les points d'interrogation, font allusion à ces états émotionnels. Cependant, l'adjonction récente, grâce aux outils numériques modernes, des émojis, ou émoticônes, est un vrai plus. Ils valent la peine de s'en servir, à bon escient bien sûr. Il ne faut pas en abuser ni les utiliser seuls, sans autre forme d'explication, car cela peut provoquer de l'agacement ou des interprétations erronées !

Percevoir des bribes de la personnalité de l'autre : Sans vous targuer d'être un psychologue avéré, il n'en reste pas moins que vous pouvez capter des éléments de caractère chez votre match. C'est non seulement légitime, mais indispensable pour donner un sens à votre démarche. Poursuivre ou non le contact dépendra de votre impression globale de la personne, au-delà d'une série de photos ou d'une autodescription, incomplète par nature.

Cet appel audio vous permet de ressentir si cette personne vous amuse, vous attire, vous impressionne, vous ennuie, vous rebute, vous séduit, vous excite, attise votre curiosité, vous apporte de la joie, vous rend enthousiaste, vous donne l'impression de la connaître depuis longtemps, vous donne confiance ou, au contraire, génère en vous de la méfiance ou un malaise, vous choque, vous stresse, vous déprime, pompe votre énergie, vous dégoûte, vous fait craindre le pire pour la suite, vous manipule, vous agresse de certaines façons… Bref, même si vous n'êtes pas encore en mesure d'analyser pourquoi, le fait que vous aimiez *a priori* son style, sa personnalité, son intelligence, sa bienveillance ou tout ce qu'elle dégage vous autorise soit à réitérer un appel, téléphonique ou en vidéo, soit à planifier une rencontre en personne très prochainement. Si elle est d'accord, bien entendu !

Quelle durée d'échange téléphonique?

Chaque personne est différente et il n'y a pas de règle stricte concernant la durée d'un appel téléphonique. Cependant, en général, une première prise de contact de 15 à 30 minutes peut suffire pour se faire une idée et ressentir si une suite est possible. Posez des questions ouvertes et donnez la possibilité à votre interlocuteur de s'exprimer librement. Vous comprendrez d'autant mieux sa personnalité et ses centres d'intérêt. Gardez à l'esprit que l'objectif de cet appel n'est pas seulement de décider si une relation amoureuse est possible, mais aussi de voir si vous avez une connexion émotionnelle et intellectuelle.

L'échange agréable

Un échange est qualifié d'agréable avant tout lorsque les deux personnes se sentent à l'aise et en confiance. Cela implique une communication fluide et naturelle, où chacun peut s'exprimer librement sans jugement ni pression. Une interaction plaisante, c'est aussi un rapport équilibré où les deux parties prennent la parole et s'écoutent mutuellement avec attention et intérêt. Les conversations trop sérieuses ou monotones peuvent devenir ennuyeuses et ne pas susciter une suite. Enfin, un échange agréable se produit lorsque les deux personnes partagent des centres d'intérêt ou des passions communes, ce qui peut donner lieu à des conversations passionnantes et stimulantes qui mèneront tout naturellement à fixer un rendez-vous.

L'échange désagréable

Un échange désagréable se caractérise par une conversation où il y a absence de fluidité, de compréhension ou de sympathie entre les deux interlocuteurs. Cela peut se traduire par des interruptions fréquentes, des réponses trop brèves, de longs blancs ou un manque d'écoute. Il peut y avoir une tension palpable dans la conversation, un manque d'intérêt ou même des comportements agressifs ou offensants.

On peut considérer comme offensantes les réflexions désobligeantes sur votre physique, votre taille, votre poids, votre lieu de vie ou de naissance, votre manière de vous exprimer, votre accent, votre orientation politique ou toute autre divergence d'opinion ou d'inclinaison fondamentale. Évidemment, l'irrespect, la condescendance, le cynisme ou le sarcasme, la grossièreté, l'impolitesse, voire les insultes, sont intolérables !

À cela, ajoutez le stress ressenti dans votre corps (cœur battant, transpiration, contractions musculaires, léger tremblement, etc.). Votre état physique et émotionnel est un très bon indicateur de la manière dont vous saisissez ce à quoi vous êtes exposé. Percevez la différence entre vos signaux habituels d'anxiété liés à la nouveauté d'une situation et ceux liés à la perception d'une menace, d'un malaise irrémédiable ou d'un danger.

Dans l'ensemble, un échange désagréable peut laisser une impression négative et nuire à la qualité de la relation entre les deux personnes. Dans la majeure partie des cas, le dialogue n'excédera pas les 10 minutes et se soldera par un cordial : « Je te souhaite une bonne continuation. »

Une fois échaudé par ce type d'échange, il est possible que vous vous imposiez beaucoup d'efforts pour renouveler l'expérience avec un autre match. Ne vous laissez pas piéger par ce conditionnement. Les échanges désagréables durent peu de minutes et sont rares, quoi qu'on en dise…

Comment terminer la conversation

Dans le cas où cela se passe bien

En mettant en avant la fluidité et l'intérêt de votre échange, vous pourrez proposer naturellement une rencontre en face à face, en disant quelque chose comme : « Je suis vraiment enchanté.e par nos échanges jusqu'à présent. Je pense que ce serait super de poursuivre cette conversation en personne » ou « Maintenant, la question n'est pas de savoir si l'on va se voir, mais plutôt quand on va se voir ».

Dans le cas où cela ne se passe pas idéalement

En cas d'ennui, de désintérêt, d'agressivité, vous ne ressentirez pas le besoin d'arranger une rencontre physique ultérieure. Dites simplement que cette conversation fut suffisante pour vous donner une idée mutuelle de qui vous êtes, mais qu'il/elle n'est pas en phase avec ce que vous recherchez ou, à l'inverse, que vous ne vous sentez pas vraiment en correspondance avec ses attentes. Ainsi, la formule de politesse « Je te souhaite une bonne continuation dans tes recherches » vous fait terminer cette conversation sur une note peu amère et non agressive.

Passer à la visio

Voilà une proposition que vous pouvez faire pendant l'appel téléphonique. Toutes les personnes ne sont pas promptes à accepter, car elles peuvent être surprises et ne pas se sentir dans leur meilleure condition. Elle permet de valider l'impression que vous avez eue à l'écrit et vous donne l'occasion de vérifier si les photos correspondent à la personne en réel, si elle est souriante et expressive (est-elle joviale, calme, neutre, enthousiaste, provocatrice dans sa tenue, déprimée… ?).

Aussi, vous capterez immédiatement les signaux d'écoute, d'intérêt et d'encouragement que sont les gestes d'acquiescement ou autres expressions faciales et gestuelles. Les gestes d'acquiescement sont ce qu'on appelle des renforcements positifs à la parole. Ils éliminent les éventuels doutes sur l'intérêt que nous porte l'interlocuteur dans son écoute. Le regard, les sourires et même les rires sont significatifs si vous voulez percevoir que vous êtes en phase l'un avec l'autre. Vous pouvez aussi en profiter pour apprécier son environnement en arrière-plan… Il ne faut pas plus d'une heure pour conclure si cela matche vraiment, déjà à ce stade.

CHAPITRE 17

LES RÉTICENCES À L'APPEL

Les hommes, en général, ne refusent pas de passer au mode audio. Ce sont même souvent eux qui le proposent. Si un homme refuse, il s'agit probablement d'un faux profil, qu'on appelle par ailleurs un brouteur. Il pourrait aussi être en couple et vous le cacher, ne souhaitant pas prendre le risque de recevoir des appels au mauvais moment !

La note des auteurs

Qui sont les brouteurs ? Il s'agit d'un terme d'argot utilisé pour désigner des personnes d'Afrique francophone (surtout de Côte d'Ivoire) qui s'adonnent sans scrupule à des arnaques en ligne. Ces escrocs sont membres d'organisations dont l'objectif est de soutirer de l'argent de manière illégale en manipulant leurs victimes. Le phénomène d'escroquerie en ligne est apparu dans les années 2000.

En ce qui concerne les femmes, nous avons rencontré deux formes courantes de refus. La première se solde par une fin de non-recevoir, et vous n'obtenez plus aucune réponse. La deuxième est un refus partiel ; il est alors conditionné.

Lorsqu'une femme refuse ou hésite, bien souvent, elle ne l'exprime pas clairement et répond : « C'est un petit peu tôt. » Il y a des raisons diverses qui peuvent expliquer cette posture, mais elles ne sont pas systématiquement liées à votre personne. Ne vous en vexez pas. Vous pouvez lui rétorquer que vous la comprenez et que vous vous êtes permis de demander cela parce que vous aviez besoin de l'entendre s'exprimer de vive voix. Votre réaction va la rassurer et vous avez des chances qu'elle continue la discussion. Nous vous recommandons d'enchaîner pour continuer le dialogue. Dans ce cas, posez-lui d'autres questions pour manifester votre intérêt afin de lui donner le temps de parler d'elle et de vous découvrir. Après quelques échanges supplémentaires, vous pourrez revenir sur le sujet du téléphone en lui demandant si celui-ci la mettrait toujours mal à l'aise. Gênée par la crainte de passer pour une personne non affirmée, très souvent, elle accédera finalement à votre requête.

Pourquoi refuser de passer à l'appel ?

Les raisons qui poussent une personne à éviter les échanges audio (ou vidéo), plus directs, sont multiples. S'agit-il tout simplement d'indisponibilité temporaire (et à ce moment-là, elle le dit), d'une peur de ne pas bien parler la langue (si elle est étrangère) ou bien de méfiance ?

La personne est-elle aux prises avec une anxiété généralisée ou contextuelle, ou d'une timidité véritable face aux inconnus ? Craint-elle de ne pas être à la hauteur, d'être jugée, de ne pas bien s'exprimer, de trembler, d'hésiter, d'être perçue comme stupide ou inintéressante ? A-t-elle honte de qui elle est, malgré son initiative de se présenter sous un profil attrayant ? La honte de soi est bien plus présente chez l'être humain qu'on ne l'imagine. La personne qui a honte se dissimule derrière des apparences de gentillesse, de bien-être ou une attitude comique et sympathique. Elle est donc très discrète et ne se fait remarquer que dans des circonstances où elle doit se « mettre en avant »... La honte de soi est éminemment liée à un profond manque d'estime de soi (l'amour-propre, plus précisément).

Par ailleurs, l'hésitation à accepter un échange vocal en direct pourrait aussi s'expliquer par un besoin de s'y préparer psychologiquement, par le fait d'anticiper qu'on ne saura pas quoi dire, ou encore par la croyance de devoir initier ou mener la conversation, mais de s'en sentir incapable, comme si l'on était investi du rôle « d'animateur » de la rencontre. Cela ne revient-il pas finalement à négliger la part de l'interlocuteur dans le jeu... ?

Certaines personnes, qui ne souhaitent pas qu'on les pense trop faciles à conquérir, peuvent refuser d'emblée l'appel téléphonique, la visio et/ou une rencontre physique, par principe. Il leur faut résister à la tentation de passer à une étape qui les rapproche de leur correspondant. Selon leurs croyances, répondre trop vite aux avances avec simplicité signifierait que leurs intentions ne sont pas prises au sérieux, qu'elles sont frivoles ou trop légères pour être respectées.

Certaines femmes apprécient aussi de se faire courtiser sur une longue période... Ainsi, refuser, pour le moment, de passer du mode texto à celui d'une discussion en *live* est une façon de prolonger la phase d'idéalisation.

Toutes les raisons évoquées ici sont majoritairement inconscientes au moment où se produit cette ébauche de panique. Malheureusement, de nombreuses personnes mentent sur la cause de leur indisponibilité.

Enfin, il nous faut avancer une autre hypothèse à ce comportement d'évitement : la procrastination ! Terme à la sonorité plutôt barbare qui désigne le réflexe de reporter à plus tard ce qui peut être fait le jour même, et ce, quelle que soit la tâche, la mission ou tout simplement la réponse à donner… La personne qui répond « Pas tout de suite » temporise par habitude et non parce que votre proposition est trop précoce. Vous n'êtes coupable d'aucune faute ! L'individu qui temporise prend le risque qu'un.e autre prétendant.e le prenne de vitesse…

Qu'en disent nos témoins ?

Adrien, 52 ans, habitué des applis, confie: «Je me donne toutes les chances de rencontrer la bonne personne en communiquant avec plusieurs matchs à la fois. Si je ne traite pas "le dossier" de la femme prête à discuter maintenant, je risque d'être pris de vitesse par un autre chasseur ! Je ne clos aucun dialogue en cours afin de me donner une chance de revenir à toutes celles qui accèdent à ma requête. Tous les mecs font ça ! »

L'idéalisation: le danger d'une trop longue attente

Lorsqu'un individu est impatient, la temporisation de l'interlocuteur génère chez lui non seulement une frustration, mais également une construction fantasmée et erronée de celui-ci. Cette idée est uniquement basée sur des mini-indices reçus par la présentation du profil et les premiers échanges écrits. Le cerveau humain ne peut pas fonctionner autrement. C'est donc un phénomène naturel. Il n'aime pas le vide. C'est une loi neuro-psycho-physiologique.

Le problème d'un délai toujours repoussé pour l'appel audio ou visio est le grand risque de déception. Vous avez fantasmé sur les qualités, la personnalité, le physique, le style, le mode ou le standing de vie de l'autre, et vous vous retrouvez finalement face à une personne inconnue. Cela peut être très déroutant. Vous avez contribué à construire une personnalité fictive. Elle est forcément différente de ce que vous avez imaginé. Moins vous mettez de temps à vous rencontrer, moins vous avez le temps d'idéaliser.

Au téléphone, le simple fait d'entendre la voix de l'autre peut amplifier l'idéalisation que l'on s'en fait, mais une ou plusieurs séquences en visio vous permettront d'éviter cet effet. C'est le mode de communication préféré d'Isabelle, qui le privilégie au simple mode audio.

Si l'option d'un coup de fil préliminaire ne sied pas à votre interlocuteur.trice, vous pourriez proposer *directement* une rencontre physique dans un endroit public, calme et agréable, tel un bar d'hôtel, ou une promenade dans un parc. Dans ce cas, si vous attendez plus de trois jours sans qu'il/elle vous rappelle pour poursuivre la discussion, ou éventuellement convenir d'un rendez-vous physique, supprimez le match. Inutile d'insister. Il n'y aura sûrement aucune suite. Dans certains cas, même, vous soupçonnerez un faux profil, une professionnelle ou une occasionnelle de la prostitution ; vous avez toujours la possibilité soit de vous en amuser, soit de couper et de le signaler au réseau Click & Love.

PARTIE 7

QUID DE LA SECURITÉ ?

Il est important de pouvoir utiliser toute plateforme de rencontre en ligne de façon sereine... et sécuritaire! En effet, certaines personnes pourraient nous abuser puisqu'elles restent anonymes. Nous aborderons maintenant la question de la prévention, des faux profils et des arnaqueurs.

CHAPITRE 18

QUELQUES STRATÉGIES PRÉVENTIVES

Il est facile de poster sur les plateformes de rencontre des photos d'une autre époque, d'un autre individu plus attrayant (telle une photo de mannequin glanée sur Internet), retouchées ou filtrées de façon excessive. On peut aussi aisément tricher sur sa bio. Certains usagers mentent sur leur âge, leur formation, leur métier, leur ville et surtout leur état civil. En effet, des femmes ou des hommes mariés se font passer pour célibataires ou en cours de divorce. Il existe également des bisexuels cachés, des travestis non déclarés ; d'autres qui annoncent rechercher une relation sérieuse alors qu'ils ou elles chassent constamment des rencontres sans lendemain. La liste est plus longue qu'on ne l'imagine… Parmi les quelques conseils pour naviguer en toute sécurité sur les applications et les sites Click & Love, nous en avons répertorié trois principaux. Les voici en détail.

Vérifiez les profils

Les plateformes de rencontre disposent presque toutes d'un système pour vérifier si les photos sont bien similaires à la personne inscrite. Sur Bumble, Tinder et d'autres, on vous demande de prendre un selfie avec une posture spécifique que vous n'auriez jamais prise dans la vie. Par exemple, sur Tinder et Happn, un mini-symbole bleu à côté du prénom ou de l'avatar signifie que le profil a bel et bien été vérifié.

Cela dit, de nombreux usagers ne prennent pas le temps, après avoir déposé leurs photos, de procéder à cette démarche rassurante pour les autres utilisateurs. Nous vous suggérons de demander à la personne qui vous intéresse de le faire si elle ne l'a pas déjà fait.

Par ailleurs, évitez de poursuivre le dialogue avec des personnes qui refusent de partager des photos supplémentaires ou qui ont des profils incomplets, sauf si elles acceptent de vous rencontrer rapidement, et que vous n'avez aucune crainte de les rencontrer physiquement. Certains d'entre vous ont plus de curiosité que de méfiance...

Écoutez votre instinct

Au-delà du tangible, vous pouvez parfois ressentir un malaise inexpliqué. Est-ce de l'ordre de l'intuition ou de l'instinct ? La nuance est fine. Vous pouvez en une fraction de seconde, lors d'un échange écrit, audio, visuel ou physique, capter si ce sera positif ou négatif, stimulant ou pas… À cet instant, vous savez si vous allez entretenir la conversation ou l'écourter. Il s'agit alors d'une intuition. Il est souvent juste de l'écouter afin de ne pas perdre trop de temps ou d'énergie.

Quand pouvons-nous parler d'instinct ? L'instinct fait référence à la partie animale et ancestrale de nous-mêmes… (une partie de notre cerveau est dite primitive). Or, il arrive aussi, rarement certes, que notre instinct de danger soit activé, notamment lors de propos extrêmement sexualisés et obsessionnels.

Si vous ressentez un malaise, ne vous forcez pas. Arrêtez la conversation écrite ou la rencontre au téléphone ou en visio avec respect et politesse. Si la politesse n'est pas suffisante, annulez le match ou coupez net le contact si les propos de l'autre sont déplacés.

Protégez votre vie privée

Évitez de partager trop rapidement des informations personnelles telles que votre adresse, votre numéro de téléphone ou votre lieu de travail précis. Il sera toujours temps de le faire plus tard quand vous vous sentirez à l'aise avec votre correspondant, et seulement si vous décidez de communiquer de vive voix ou de vous rencontrer.

Gardez également à l'esprit que les réseaux sociaux peuvent révéler des informations supplémentaires sur vous. Certaines applis vous proposent de faire un lien avec votre profil Facebook ou Instagram... Or, beaucoup d'entre vous ont déjà posté des éléments de leur vie familiale, conjugale ou amicale sur ces plateformes. Souhaitez-vous vraiment donner d'emblée autant d'informations sur vous ?

Quels sont les risques de divulguer des photos ou des vidéos intimes ?

Une fois les atomes crochus révélés par téléphone, des allusions coquines peuvent apparaître, et il arrive que certaines personnes réclament des photos dénudées de leur correspondant, sexualisant ainsi la conversation de manière subtile ou directe.

Qu'en disent nos témoins ?

Adrien, 53 ans, se souvient d'avoir évoqué sa passion pour la photo avec une femme rencontrée sur Tinder. C'est alors qu'elle a réagi en avouant avoir posé comme modèle pour des photos érotiques. Il lui a demandé si elle était prête à les

→

partager avec lui, ce qu'elle a fait immédiatement avec fierté. Les clichés la montraient, visage très visible, en lingerie fine «porno-chic». Elle a pris le risque d'être reconnaissable alors qu'Adrien lui était inconnu!

Que cela soit induit par l'homme ou la femme, diffuser à des inconnus des clichés érotiques où l'on voit nettement les visages reste très risqué et non recommandé. Ne les réservez qu'aux amants avérés et de confiance avec lesquels vous êtes absolument certain.e d'avoir construit une réelle complicité amoureuse. Et encore!... Partager des instants intimes sous forme de photos ou vidéos avec une connaissance récente d'un réseau de rencontre peut ouvrir la porte à une série de conséquences indésirables et profondément perturbantes. Voici une exploration de ces risques.

- **La perte irrévocable de contrôle:** Une fois ces fragments de votre vie privée envoyés dans le vaste monde numérique, vous n'avez plus aucun pouvoir sur leur destinée. Ils peuvent être diffusés, partagés, manipulés sans votre consentement et sans égard pour vos sentiments.
- **Le spectre du chantage:** Ces parties de votre intimité peuvent devenir des outils de manipulation, des leviers pour vous contraindre à agir contre votre volonté, sous la menace de leur divulgation à un cercle plus large, semant le chaos dans votre vie personnelle et/ou professionnelle. Sentez le vent venir lorsque l'individu réclame ardemment des photos de vous AVEC VOTRE VISAGE! En effet, il existe un danger d'être reconnu grâce à une simple photo, car certains logiciels sont développés pour reconnaître les individus médiatisés ou actifs sur les réseaux sociaux. Ainsi,

le système est capable de livrer un prénom et un nom à partir d'une seule photo.

- **Un choc émotionnel et psychologique :** La crainte ou la réalité de voir ces images personnelles exposées peut infliger une douleur psychologique aiguë, vous plongeant dans un tourbillon d'anxiété, de honte, voire de désespoir.
- **Les impacts sur votre réputation :** Une fois dévoilées, ces images peuvent entacher durablement votre réputation, altérant la perception que les autres ont de vous, et nuisant à vos relations actuelles et à venir, ainsi qu'à vos perspectives de carrière.
- **La tourmente du cyberharcèlement :** La diffusion non consentie d'un contenu intime peut vous transformer en cible du harcèlement en ligne, où des inconnus se permettent de juger, de critiquer et d'humilier. Vous pouvez alors être victime d'insultes, de discrimination et de messages haineux. Les effets sont dès lors fortement traumatisants sur le plan psychologique à long terme.
- **Les implications juridiques :** En cas de plainte à la police ou la gendarmerie, naviguer dans les méandres des conséquences légales liées à la diffusion sans consentement de ces contenus peut s'avérer complexe et épuisant. Cela ajoute une couche supplémentaire de difficulté à une situation déjà délicate.

Face à ces éventualités, la prudence est de mise. Avant de partager des aspects aussi privés de votre vie, il est crucial d'évaluer la confiance que vous accordez à votre interlocuteur. Se renseigner sur les mesures de protection et les recours légaux offerts dans votre pays peut également vous fournir une bouée de sauvetage en cas de besoin.

CHAPITRE 19

RECONNAÎTRE LES MENSONGES ET AUTRES TROMPERIES

Dans le monde des tromperies, il existe plusieurs niveaux de gravité et donc de conséquences. Petits et gros mensonges, omissions volontaires, supercheries, artifices et arnaques peuvent s'insinuer sur les plateformes de rencontre en ligne. Vaut mieux en être conscient pour éviter de se faire duper…

Les petits mensonges et les omissions volontaires

Un premier niveau concerne les petits mensonges (sont-ils si petits?) sur l'âge, la taille, les activités physiques et sportives ou encore le lieu de vie, qui enjolivent la réalité. Mais la duperie porte parfois sur le type de relation recherché, ce qui fait que si, par exemple, vous espérez une relation sérieuse ou à long terme, vous pouvez tomber sur un profil qui en déclare autant alors qu'il est en couple ou adepte des relations libres ou polyamoureuses.

Qu'en disent nos témoins?

Isadora, 59 ans, raconte: «Alors que j'avais clairement indiqué que mes recherches pour une relation sérieuse se portaient sur un homme plus jeune que moi, j'ai correspondu avec un homme qui indiquait en avoir 49. Cela correspondait à mes attentes, tout comme le fait qu'il avait, disait-il, deux enfants majeurs et autonomes. Or, il s'est avéré qu'il avait 10 ans de plus et qu'il avait caché avoir un troisième enfant... de quatre ans ! J'ai détesté ce sentiment d'avoir été trompée... Je l'ai quitté très rapidement alors que nous avions commencé à sortir ensemble.»

Le mensonge, quel qu'il soit, est très mal perçu ou vécu par la plupart des témoins consultés. À commencer par le filtrage des photos que certains manient à foison pour se faire passer pour plus beaux ou plus jeunes qu'ils ne le sont réellement.

Le deuxième niveau concerne les omissions volontaires, comme éviter de mentionner sa consommation d'alcool ou de tabac, ou la présence d'enfants en bas âge ou mineurs dans son quotidien. Elles ne sont pas mieux accueillies quand on réalise les conséquences pour soi dans le cas d'une relation sentimentale.

Qu'en disent nos témoins ?

Isis, 55 ans, vivant au bord de la mer, se souvient d'avoir ressenti une gêne lors de sa première rencontre avec un homme pourtant séduisant en photo et en présentation: «Lors de notre promenade le long du port, je l'ai encouragé à me parler de lui, car il me semblait timide. C'est alors que je me suis rendu compte qu'il était en situation très précaire (sans véhicule), qu'il était au chômage depuis des années et qu'il vivait... chez sa mère ! Impossible pour moi d'envisager quelque relation que ce soit avec cet homme qui avait omis de mentionner de telles informations. Il n'a même pas daigné m'offrir le soda que

→

nous avions pris sur les quais ! Je l'ai gentiment raccompagné à la gare sans regret.»

Des personnes dotées d'imperfections physiques manifestes sont capables de minimiser leurs caractéristiques afin de se donner les meilleures chances de plaire sur d'autres aspects de leur personnalité. Le risque est à prendre, mais nous pensons qu'il serait souhaitable d'y faire quelques allusions dans son profil. Très souvent, une réaction positive s'ensuit. Les complexes sont souvent partagés…

Il n'est pas certain que les détails de présentations qui auraient été transformés soient reconnus comme de simples mégardes ou maladresses. Cependant, ils peuvent passer au second plan lors de la rencontre et même lors d'une visio.

La note (ironique) des auteurs

Que penser des gens qui écrivent être célibataires alors qu'ils sont en cours de séparation ou vivent encore sous le même toit que leur prétendu «ex»?

Alors que faire lorsque le doute apparaît ? METTEZ LES PIEDS DANS LE PLAT ! Si une question vous taraude, posez-la aussi clairement que possible. Les formules doivent être simples et directes, sans agressivité. Voici quelques exemples :

- Êtes-vous en couple ?
- Êtes-vous « complètement » célibataire ?
- Avez-vous vos soirées ou week-ends libres ?
- Avez-vous des enfants ?

- Quel âge ont vos enfants ?
- Où habitez-vous ?
- Pratiquez-vous [tel sport ou activité] très régulièrement ?

Les trahisons plus sérieuses

Tomber sur des profils de manipulateurs est un risque courant, et il n'est pas facile de les repérer[13]. En effet, les personnalités narcissiques, appelées également pervers narcissiques, ont l'art de ne montrer que les aspects positifs d'elles-mêmes, et ce, pendant autant de temps qu'il est nécessaire pour capter (et captiver) leur proie. Il est bien rare que les personnes qui ont ce profil de personnalité n'aient qu'une seule proie, d'ailleurs, mais vous ne le saurez que bien tard…

Femmes ou hommes, ils ne représentent qu'entre deux et trois pour cent de la société. Ils arborent des attitudes parfaites, au point où vous vous dites que vous êtes tombé sur une perle. Et c'est justement un des premiers indices à prendre en considération : votre fascination ! On ne parle pas ici d'admiration, mais bel et bien de cet état dans lequel toute personnalité narcissique peut vous mettre, à travers ce qu'on appelle « l'emprise ». On peut donc difficilement déceler la présence de telles personnalités.

Quant aux pervers et obsédés du sexe, caractéristiques du genre masculin en très large majorité (ce qui ne veut pas dire que la majorité des hommes sont obsédés ou pervers !), les indices sont nettement plus clairs et rapides à déceler. Les hommes qui postent leur nudité partielle dans un contexte qui n'a pas lieu d'être ou qui prennent un selfie en sortant un bout de langue révèlent déjà leurs intentions. Ensuite, il y a

13. Voir ces deux ouvrages d'Isabelle Nazare-Aga publiés aux Éditions de l'Homme, Montréal: *Les manipulateurs sont parmi nous*, 1997 pour la 1re édition, 2020 pour la 5e édition, et *Les manipulateurs et l'amour*, 2000 pour la 1re édition, 2023 pour la 4e édition.

des chances que dans la mention « Type de relation recherché » soit stipulé : « Rien de très sérieux » ; ou, pour les plus hardis, juste : « On verra ». Puis, ils seront plus explicites dans leur description « bio » avec des expressions du type « *Carpe diem* », « Pas de prise de tête » ou bien « Exploration », « Relation libre », « Non-monogamie éthique » par exemple. Attention, ces termes peuvent aussi être utilisés par des hommes en couple cherchant une deuxième partenaire ou simplement une relation extraconjugale, sans fatalement être catégorisés comme perversion sexuelle.

Le cas de la prostitution déguisée, ou assimilée, court également sur les plateformes de rencontre, et la gent féminine de l'Europe de l'Est est particulièrement réputée sur ce point… Sans originalité, les femmes se mettent le plus souvent en scène dans des palaces somptueux, des voitures de luxe, des yachts de rêve ou autres cadres idylliques. Les photos sont là pour exposer tous les signes ostentatoires de richesse… mais sont-elles riches pour autant ? Dans leurs discours, il est aisé de détecter leur attrait pour les aspects matériels et financiers, qui sont au cœur de leurs préoccupations. Par exemple, elles peuvent vous demander : « Êtes-vous un gentleman ? » Cela sous-entend que vous allez vous faire détrousser sans vergogne.

La note (ironique) des auteurs

Si nous ne sommes pas loin de la prostitution déguisée, vous n'êtes pas pour autant garanti de la mettre dans votre lit !

La duperie la plus redoutable est malheureusement l'escroquerie sentimentale, où les imposteurs sont rois. Pour y parvenir, ces derniers utilisent inévitablement des faux profils.

Il est facile de considérer les gens qui se font piéger par des faux profils comme des imbéciles. Il n'en est rien. Nous-mêmes nous sommes déjà fait piéger au début de notre immersion dans les plateformes de rencontre, par manque d'outils de reconnaissance, alors que, sans fausse modestie, nous croyions ne pas appartenir à une frange de la population naïve ou stupide, si tant est qu'il en existe une… Forts de notre expérience à l'heure actuelle, nous aimerions vous donner quelques indices pour éviter ces mésaventures.

Assurez-vous d'abord d'être en contact avec une personne réelle. Cependant, malgré un examen très attentif de l'ensemble des photos présentées, celles-ci ne vous paraîtront probablement pas suspectes. En effet, les photos ont certainement été extraites d'un réseau social quelconque !

Attention aux signes d'avertissement tels que les photos floues ou digitalisées. Les biographies vides et les centres d'intérêt en inadéquation les uns avec les autres doivent vous alerter. Aussi, le niveau d'études annoncé (souvent le plus élevé, comme un Master ou un doctorat) est un indicateur que vous n'aurez aucun mal à démasquer une mystification. Si vous êtes dans le doute, ayez le réflexe de retourner sur le profil et assurez-vous que ce dernier est « vérifié ». Vous pouvez également effectuer une recherche en ligne rapide pour confirmer les informations. Malheureusement, nous sommes convaincus que les méthodes de tromperie utilisées vont s'avérer de plus en plus sophistiquées, ne serait-ce que grâce à l'usage croissant de l'intelligence artificielle (IA)…

La note des auteurs

Des outils de recherche d'images existent sur le Web, tels que Google Image. Ils vous permettent de vérifier si les photos →

existent dans une banque d'images ou si elles ont plus gravement été subtilisées sur les réseaux sociaux d'un individu réel.

Qui se cache derrière un faux profil?

Il arrive que des personnes aient besoin de se constituer une autre identité pour des raisons psychologiques. Elles ne cherchent pas à extorquer des fonds ou des avantages en nature. Elles ont besoin de croire à une autre vie, même totalement virtuelle. La grande solitude, la quête d'affection et de compliments, ou d'autres troubles qui peuvent être psychologiques, voire psychiatriques, pourraient expliquer ce besoin. Les individus qui se cachent derrière un faux profil n'ont jamais l'intention de rencontrer les autres en personne. Au cœur des problèmes que vivent ces femmes ou ces hommes, se trouve sans doute un trouble d'estime de soi et un sentiment d'insécurité intérieure. Beaucoup peuvent être complexés par leur apparence et choisissent alors de se présenter de façon plus idéale. Même si ces individus ne vous entraînent pas très loin dans l'arnaque sentimentale, ils vous font perdre du temps et contribuent au yoyo émotionnel (espoir/désespoir); parfois même à un ras-le-bol qui vous fait perdre confiance dans les réseaux de rencontre.

Voici un témoignage résumé de ce qui est arrivé à Philippe, un Parisien de 50 ans. Ce dernier découvre les vertiges de l'amour à l'ère numérique et nous plonge dans le récit de sa rencontre avec Carol, une femme mystérieuse aux origines danoises. Charmé par ses conversations pleines d'esprit et les promesses d'une connexion rare, Philippe se laisse entraîner dans un tourbillon de sentiments.

Toutefois, le jour de leur rencontre tant attendue, Carol lui pose un lapin et disparaît soudainement, laissant derrière elle un silence assourdissant et une totale incompréhension.

Blocages sur WhatsApp et messages sans réponse forcent Philippe à questionner chaque échange, chaque moment partagé au téléphone. Sa quête de vérité le mène à utiliser un autre numéro pour obtenir les réponses qui lui échappent cruellement.

Carol, piégée par le numéro inconnu qui s'affiche, répond enfin. Elle révèle alors, à travers des propos assez incohérents, avoir paniqué face à la rapidité avec laquelle leur relation s'est développée. Or, cela fait trois semaines qu'ils discutent par écrit et au téléphone (entre une et deux heures chaque fois !). Ses excuses semblent sincères, mais les doutes subsistent, alimentés par des comportements contradictoires et d'autres disparitions soudaines. Avec l'aide d'Isabelle, Philippe se lance dans une investigation qui révélera bien plus que des non-dits.

Les échanges quotidiens de photos ne correspondent pas au profil qu'elle a publié sur Meetic (femme blonde, élancée, souriante et attrayante). En effet, dans ses différentes photos d'objets de musée, les vitrines reflètent une tout autre silhouette ! On y découvre une dame trapue, aux cheveux courts et plaqués, avec un cou presque absent… De même pour les photos noir et blanc de tatouages qu'elle dit avoir sur l'épaule, mais qui sont étrangement absents sur d'autres selfies, où l'on ne distingue pas son visage… Entre photos contradictoires et présence en ligne douteuse, Philippe se confronte à la dure réalité d'un leurre soigneusement orchestré.

Nous pensons que cette femme s'est construit une identité au même titre que le ferait un joueur de jeux de rôle qui se choisirait un avatar très valorisant, mais indubitablement très éloigné de la réalité. Elle est dans le fantasme de plaire à des hommes qu'elle ne peut pas conquérir dans la réalité. C'est la raison pour laquelle elle ne se présente pas aux rendez-vous.

Elle vit le sentiment d'intéresser des hommes inaccessibles normalement, ce qui agrémente probablement un quotidien bien pauvre en émotions. Cela peut refléter une ou plusieurs caractéristiques d'une pathologie.

Les étapes d'une arnaque sentimentale

Les personnes ou les groupes dont la seule motivation est de vous soutirer de l'argent élaborent des supercheries extrêmement bien ficelées ! Les processus techniques et psychologiques emploient des stratagèmes fort bien huilés. Les nombreuses victimes de ces escroqueries sentimentales rapportent des étapes quasi identiques. Il nous est donc maintenant de plus en plus facile de détecter les phases chronologiques mises en place par ces individus, qu'on appelle des brouteurs.

Les escrocs se rendent depuis leur ordinateur sur les réseaux sociaux les plus populaires afin de cibler, la plupart du temps, des célibataires, veufs ou divorcés de 50 à 60 ans. L'accroche se fait auprès de personnes vivant seules, avides de tendresse et qui espèrent retrouver l'amour. Les dépendants affectifs sont d'autant plus vulnérables. L'arnaque fonctionne aussi bien auprès des femmes que des hommes en recherche amoureuse… Les brouteurs œuvrent principalement le soir ou de nuit, moments propices au sentiment de solitude de leurs proies. Chacun de ces arnaqueurs communique en général avec une dizaine, voire une vingtaine de femmes et d'hommes.

Mais comment expliquer que l'on soit capable d'envoyer de l'argent à un individu que l'on n'a jamais vu ? Les brouteurs ont le talent de revêtir indifféremment le costume de l'homme ou de la femme pour ratisser le plus large possible. Ils vous séduisent en vous tenant des propos amoureux, tout en se montrant intéressés par votre vie quotidienne, et même empathiques au besoin. Le procédé est construit de façon intelligente pour que leur écoute et leur attitude, que l'on croit sincères, créent un lien. Tout ce que vous leur écrivez est enregistré afin que cette information soit réutilisée pour vous prouver leur implication dans la relation.

Ne tombez pas dans le piège !

Nous avons remarqué que des éléments inscrits dans les profils de vrais célibataires étaient fréquemment oubliés par les moins studieux des brouteurs. Par exemple, ils vous demandent où vous habitez ou si vous avez des enfants, alors que c'est inscrit clairement dans votre profil. Ou ils s'étonnent d'un centre d'intérêt que vous avez pourtant mentionné sur votre fiche. Ce sont quelques rares indices à repérer au début de cette relation frauduleuse.

Une fois que le lien est établi, la confiance s'installe. Puis soudain, « l'amoureux » prétend subir une situation « compliquée » liée à la santé d'un proche, un blocage bancaire ou une situation d'urgence nécessitant un transfert de fonds rapide. Cela suscite systématiquement chez la victime le besoin et l'envie de régler le problème de l'être aimé. Le réflexe du « sauveur » à la fibre altruiste sera même de proposer spontanément son aide !

De plus, « l'amoureux » en détresse informe qu'il est en mesure de rembourser cette « simple » avance qu'on lui propose ou qu'il réclame. À condition que celle-ci s'opère via Western Union… Une fois l'argent envoyé, le numéro de cellulaire n'est bizarrement plus en service et la cible de cette arnaque sentimentale n'a plus aucun moyen de contact !

Isadora a matché avec un certain Clifford. Sa syntaxe, son orthographe ainsi que sa ponctuation étaient parfaites. S'ensuivirent des échanges par écrit jusqu'à des heures avancées de la nuit. Isadora résume : « Très rapidement, nous avons basculé sur WhatsApp (à minuit). Il m'informa travailler de nuit, posséder des magasins de gros aux États-Unis, à Singapour et au Royaume-Uni. Il justifia alors qu'il aurait du temps pour communiquer avec moi aussi bien l'après-midi que le soir et demanda poliment si cela me poserait un problème. J'ai répondu qu'il n'en serait rien en apportant spontanément un certain nombre d'informations sur mon rythme de vie et, par là même, mon métier, mon habitude des décalages horaires, etc.

« Immédiatement après, il a voulu savoir depuis combien de temps j'étais célibataire. J'ai répondu que j'étais divorcée depuis deux décennies. Il ajouta qu'il connaissait les mêmes pays que moi. Aussi, il me demanda si j'avais investi dans ma société… Étrange question. Je n'y ai pas répondu. Puis il m'expliqua qu'il avait été élevé à Singapour et qu'il parlait le mandarin et l'anglais. Nous avons donc poursuivi pendant quelques heures, toujours en anglais.

« Or, en après-midi, le discours et la façon d'écrire étaient si différents et peu compréhensibles que j'ai pensé qu'il s'agissait d'une autre personne. Ayant probablement affaire à un faux profil, j'ai appelé un ami. Celui-ci a pris le relais avec un autre numéro de téléphone afin de poursuivre la communication avec ce fameux Clifford. Le but étant de trouver quel était son véritable objectif. Nous l'avons finalement découvert en trois jours : une proposition fallacieuse d'investissements financiers accompagnée de promesses de gros retours. » Il s'agissait, cette fois, d'un cas réel de tentative d'escroquerie en Bitcoins.

Les éléments pour repérer une arnaque sentimentale

Nous vous proposons une analyse résumée des mécanismes utilisés pour happer les proies. L'exemple d'Isadora est quasi un cas d'école. Voici les ingrédients de la formule (dans l'ordre chronologique):

- Échanges tard dans la nuit.
- Expression écrite parfaite et agréable à lire.
- L'individu travaille à l'étranger ou avec l'étranger.
- Son indicatif téléphonique est en adéquation avec sa position géographique supposée.
- Il peut justifier que les échanges se fassent en journée, en soirée ou de nuit.
- Il vous dit espérer ne pas vous déranger. Du coup, vous le rassurez.
- Il vous amène à livrer spontanément des informations sur vous.
- Il veut savoir si vous vivez seul.e.
- Il partage des points communs avec vous après que vous les avez énoncés.
- La confiance s'installe très rapidement, alors qu'il s'agit d'un inconnu.
- Il n'y a aucun propos salace ou déplacé.
- Progressivement, vous recevez des compliments.
- Il vous souhaite une bonne nuit et de beaux rêves.
- Il vous écrit tous les jours et s'intéresse à votre quotidien.
- Après une pause de quelques minutes ou heures, vous doutez soudainement d'être en ligne avec le même personnage. Ses expressions ont changé ainsi que son discours et ses intentions sous-jacentes. Sa façon de communiquer est manifestement différente.
- Un jour, l'argent se place au centre des discussions…

La note des auteurs

Méfiez-vous des demandes d'argent. Si quelqu'un vous en demande, c'est un gros drapeau rouge. Évitez de donner de l'argent à des personnes que vous ne connaissez pas bien.

CHAPITRE 20

QUE FAIRE EN CAS DE COMPORTEMENT INAPPROPRIÉ ?

Vous souhaitez mettre fin à un échange qui tourne au vinaigre ? Vous vous retrouvez face à un faux profil ? On vous a demandé de l'argent ou on vous en a soutiré ? Rien ne vous empêche d'annuler, de bloquer, voire de dénoncer. Dans le contexte d'une plateforme de rencontre, il est crucial de comprendre comment elle fonctionne et comment les utilisateurs peuvent gérer leurs interactions.

Annuler un match

Annuler un match signifie que vous mettez fin à la communication avec une personne avec laquelle vous aviez précédemment établi un match ou un crush, c'est-à-dire que vous aviez tous les deux exprimé un intérêt mutuel. En annulant un match, vous décidez de ne plus être en contact avec cette personne sur l'application ou le site. Parfois même, vous n'avez pas communiqué depuis un bon bout de temps avec elle, voire pas du tout ! Elle ne sera pas notifiée directement, mais elle ne pourra plus voir votre profil ni échanger avec vous sur la plateforme. C'est une fonctionnalité utile si vous ne trouvez plus d'intérêt à interagir avec l'autre. Cependant, il est possible que d'ici quelque temps, ce profil vous soit de nouveau présenté ; vous aurez alors la possibilité, si vous le désirez, de re-liker cette personne et éventuellement de re-matcher.

Bloquer un match

Bloquer un match est une étape plus définitive. Lorsque vous bloquez quelqu'un dans un réseau, il ne peut plus voir votre profil. Vous ne pouvez plus voir le sien non plus, et aucune communication future ne pourra être établie entre vous deux ! Le blocage est souvent utilisé dans des situations où un utilisateur veut s'assurer que l'autre individu ne peut pas le contacter de quelque manière que ce soit. Les raisons en sont le plus souvent des comportements inappropriés, du harcèlement, ou d'autres raisons personnelles (un changement d'avis ou des propos incohérents de la part de l'autre personne, par exemple).

La note des auteurs

Mettre fin au harcèlement sur une appli Click & Love est plus simple que dans la vie réelle. Il vous suffit d'annuler le match et éventuellement de le bloquer définitivement. En outre, si votre interlocuteur vous a paru grossier ou irrespectueux, vous avez la possibilité de le signaler à la plateforme. Si vous étiez déjà en communication téléphonique ou sur un autre réseau social, faites-en autant. Cependant, le cas reste tout de même assez rare.

Ces deux options donnent donc aux utilisateurs un contrôle sur les individus avec qui ils choisissent d'interagir.

Dénoncer tout profil suspect

Si vous êtes témoin d'un comportement inapproprié, vous pouvez le signaler sur chaque plateforme Click & Love en utilisant la fonction de signalement intégrée. Vous pouvez l'appliquer sur des profils, des messages ou des comportements offensants ou impropres. Les plateformes examineront chaque rapport et prendront des mesures en conséquence.

Gérald a volontairement liké une femme de 44 ans d'origine russe. Son Instagram débordait de centaines de photos suggestives prises dans des lieux luxueux de la Côte d'Azur et du reste du monde (en maillot deux-pièces sur le ponton arrière d'un yacht, ou encore à plat ventre avec le postérieur cambré). Excédé par le nombre impressionnant de profils du même type, Gérald a voulu vérifier les motivations réelles de cette femme sublime à fréquenter une appli Click & Love. Il a donc communiqué avec elle. Durant leur échange, toutes les questions qu'elle lui a posées avaient pour objectif de se renseigner sur son train de vie et sur ses capacités financières: «Quel est votre métier? Quelle marque de voiture avez-vous? Où exactement habitez-vous? C'est une villa?» En outre, elle mentionnait son amour du shopping… Son seul objectif était donc de tirer parti de ce qu'un homme généreux pouvait lui offrir.

Gérald a fini par compiler suffisamment d'éléments sur elle pour, d'une part, cesser la communication et, d'autre part, la signaler à l'appli. Voici ce que cette dernière a répondu dans la même journée: «Bonjour, nous avons bloqué [prénom finissant par un "a"] pour manque de respect envers nos règles de conduite. Merci de nous avoir aidés à assurer la sécurité de tous nos membres.»

Porter plainte en cas d'escroquerie

En recherchant l'amour ou en voulant tuer un sentiment de solitude sur les réseaux sociaux et Internet, des milliers de

Français sont victimes d'arnaques sentimentales. En France, depuis le 15 mars 2022, un groupe de cyber-gendarmes recense, accueille, enregistre et accompagne tout plaignant de ce type sur une plateforme appelée Thesee. Mise en place par le ministère de l'Intérieur, Thesee vous permet de déposer plainte… en ligne ! Beaucoup de victimes craignent le jugement et donc la honte de se présenter à une gendarmerie ou un poste de police classique. Il suffit de vous rendre sur le site service-public.fr à la rubrique « Arnaque sur Internet » et de vous laisser guider. Cette plateforme traite de façon centralisée les plaintes et les signalements afin d'enquêter. Elle est encore peu connue et en date de janvier 2024, elle n'avait reçu que 5000 plaintes…

En janvier 2024, le capitaine Sylvain James, en charge de la plateforme Thesee, dévoilait des escroqueries allant d'une vingtaine d'euros (sur une carte prépayée) à plus de 100 000 euros ! « Il n'est pas rare que des gens se fassent voler au-dessus de 100 000 euros, on en a plusieurs fois par mois, voire toutes les semaines. Ils peuvent même aller plus loin, comme l'arnaque financière en ligne, sous prétexte d'un super plan où vous pourriez faire des placements et repartir avec 200, voire 300 % de gains. » Il s'agit là encore de faux sites financiers.

Où porter plainte ?

En Belgique, il y a deux plateformes pour porter plainte : eCops, spécifique pour les citoyens belges qui veulent signaler des infractions commises par Internet, ainsi que le Centre pour la Cybersécurité Belgique (CCB) qui inclut la prévention et la réaction à la cybercriminalité. Au Québec, le Centre antifraude du Québec (CAQ) est la principale entité à laquelle les résidents peuvent signaler des activités frauduleuses, y compris la cybercriminalité. Au Canada, le Centre antifraude du Canada (CAFC) travaille en collaboration avec les forces de police locales et fédérales pour traiter les signalements. En Suisse, la Cybercrimepolice est une initiative de la police cantonale, mais elle est accessible à tous les résidents de la Suisse pour signaler des activités suspectes ou malveillantes en ligne.

Pour conclure cette partie sur les mesures de sûreté, nous espérons que ces conseils vous permettront d'éviter les situations potentiellement dangereuses ou menaçantes. Cependant, il est très rare que notre intégrité physique soit menacée dans de tels contextes !

PARTIE 8

PARLONS SEXE !

Ah ! Le sexe... Parlons-en enfin ! Ne nous masquons pas les yeux ; il ne fait aucun doute qu'un bon nombre d'utilisateurs et d'utilisatrices d'âge mûr sont au fait que la sexualité fait partie, voire est au cœur, de toute relation sentimentale. Nous ne pouvions pas passer sous silence ce sujet et avons eu à réfléchir pour lui trouver un emplacement logique au sein des chapitres. En effet, les réseaux de rencontre sont un formidable moyen de retrouver ou de stimuler et satisfaire sa libido. Un grand nombre d'adultes l'ont bien compris et nous ne portons aucun jugement vis-à-vis de cette quête. Au contraire, nous pensons que la sexualité saine et assumée participe d'une communication qui enrichit tout couple.

CHAPITRE 21

LE SEXE EST-IL UNE BONNE MOTIVATION POUR S'INSCRIRE SUR UNE PLATEFORME ?

Les applications de rencontre sont devenues un outil courant pour trouver l'amour, ou des relations plus éphémères. Certains cherchent seulement des partenaires sexuels. Cependant, un questionnement demeure : est-il approprié de s'inscrire sur une application de rencontre avec le sexe comme motivation principale ?

Les motivations masculines

Les hommes qui utilisent les plateformes de rencontre en recherche de relations et/ou de rapports sexuels le font pour des raisons variées. En voici quelques-unes.

La facilité d'accès

Les sites et les applis offrent un moyen facile et rapide de trouver des partenaires potentiels. Ils sont adaptés aux modes de vie modernes et les hommes occupés, timides ou réservés y trouvent un moyen pratique de rencontrer des partenaires sexuels sans trop d'efforts ou de stress.

Rechercher des nouveautés: frissons garantis!

Le besoin physiologique induit un désir sexuel puissant qui peut être une motivation-clé pour les hommes cherchant des partenaires sexuels. Merci à la testostérone! Aussi, l'excitation de rencontrer de nouvelles personnes et l'incertitude de l'issue des rencontres peuvent être stimulantes.

Également, et contre toute attente, les rencontres en ligne sont une occasion de découvrir et de comprendre sa propre sexualité. L'envie d'évoluer par la suite et de faire cette découverte à deux serait une motivation secondaire.

Finalement, les hommes qui sortent d'une union trop classique peuvent ressentir le besoin de vivre des expériences sexuelles nouvelles et diversifiées. Ainsi, ils osent explorer des jeux fantasmés avec des positions nouvelles, des lieux incongrus et excitants, des pratiques de domination/soumission, l'usage d'accessoires pour éveiller la sensualité (par les ambiances, les lumières, les parfums, les massages, les vêtements sexy), l'utilisation de *sex toys,* le visionnage de films érotiques à deux… La recherche d'une sexualité pimentée est capable de générer l'excitation rien que par l'imagination et l'anticipation.

Se rétablir après une période de solitude

Après une rupture compliquée ou une longue période de célibat, certains hommes cherchent des relations sexuelles comme moyen de réconfort, d'obtenir de la tendresse ou de se distraire pour enfin retrouver le bien-être ou la légèreté. Par ailleurs, les rencontres en ligne peuvent aider à rétablir une confiance en soi dans le domaine des relations intimes, surtout à la suite d'une expérience relationnelle négative. Les attitudes des partenaires y contribuent, bien entendu.

Valider son pouvoir de séduction

Recevoir de l'attention sexuelle par la douceur, les massages, les caresses et les propos gratifiants valorise l'homme. Cela renforce son ego et son sentiment de désirabilité. Certaines pratiques redonnent même une bonne dose de confiance en soi lorsqu'elles sont manifestement appréciées par l'autre. Une interaction sexuelle réussie est perçue comme une confirmation de son attractivité, de son charme et d'une compatibilité.

Qu'en est-il des motivations des femmes?

Les femmes utilisent également les applications de rencontre pour diverses raisons, y compris pour des intérêts sexuels. Comme pour les hommes, leurs motivations peuvent être variées mais plus complexes, car paradoxales (les femmes sont paradoxales: elles veulent tout et son contraire!). Voici quelques-unes des raisons les plus couramment observées chez les femmes.

L'accessibilité

Les réseaux Click & Love offrent un moyen pratique et discret de faire des rencontres. Cela est particulièrement vrai pour celles qui ont un emploi du temps chargé ou qui sont moins enclines aux rencontres traditionnelles, par timidité.

Se remettre d'une expérience négative

Après une rupture ou une expérience relationnelle désagréable, certaines femmes ont besoin de rebondir, et surtout de reprendre confiance en elles. Aussi doivent-elles retrouver leurs capacités à nouer des relations saines et enthousiasmantes.

Renouer avec le désir

Tout comme les hommes, les femmes ont un désir naturel d'activités sexuelles lié aux sécrétions hormonales. Il est souvent exprimé différemment selon les contextes. La qualité de la communication dans un couple joue un rôle majeur dans l'expression de l'érotisme. Les femmes s'ouvrent dans un contexte de relation émotionnelle et intime, tandis que les hommes peuvent se concentrer davantage sur le désir physique.

Malheureusement, certaines femmes de plus de 50 ans assument difficilement leurs désirs et leurs fantasmes à cause de leur éducation soit traditionnelle, soit religieuse. En effet, longtemps, il leur a été répété par les générations précédentes de femmes que les hommes exprimant un intérêt sexuel soutenu n'étaient que des « cochons ». En conséquence, si la femme prenait conscience de l'existence de son propre désir, n'était-elle pas alors elle-même taxée de « cochonne » ou de « salope » ? De même qu'il paraissait évident que les femmes désirantes « subiraient » leurs assauts sans véritable consentement… Était alors sous-entendu que le désir féminin n'était pas indispensable pour assumer ce que l'on nommait alors le devoir conjugal…

Heureusement, les mentalités changent petit à petit et les femmes se rendent compte qu'elles aussi éprouvent du désir, et qu'il est sain. Chassant le manteau de la honte qu'elles ont longtemps porté, et modifiant leur regard sur le désir de l'homme grâce aux avancées en matière de biologie et de psychologie, elles accueillent de plus en plus leur propre désir.

Explorer sa sexualité

Les applications de rencontre offrent un espace dénué de jugement et d'*a priori* pour explorer sa sexualité et oser découvrir de nouvelles préférences ou fantaisies (voire une orientation sexuelle non révélée). Il y a des pratiques et des fantasmes qui se présentent comme excitants à 50 ans ou plus qui n'existaient pas pendant la jeunesse. Des barrières morales sont tombées… Ainsi, les matchs grâce à ces plateformes peuvent aider les femmes à mieux comprendre et assumer leurs désirs et leurs besoins sans honte.

Espérer construire une relation à long terme

Certaines femmes utilisent les plateformes Click & Love dans l'espoir de trouver un partenaire de vie ou quelqu'un avec qui partager une relation sérieuse. Elles le mentionnent dans leur profil afin de signaler, à l'évidence, qu'elles ne veulent aucun « coup d'un soir ». Toutefois, elles sont ouvertes à la sexualité car elles espèrent une compatibilité sexuelle, un facteur important dans la recherche d'une relation à long terme. En cela, la complicité qui s'exerce à travers des pratiques libres entre deux individus est un ciment auquel est sensible la femme en recherche de stabilité.

S'autonomiser et reprendre le contrôle de soi

L'usage des réseaux de rencontre est aussi un moyen d'affirmer le contrôle sur soi et donc de ressentir un certain pouvoir sur sa vie sexuelle et sentimentale. Pour faire mention de cette autonomie, le vocable *empowerment* est largement utilisé. Les femmes sont conscientes de leurs responsabilités lors des choix qu'elles opèrent. Aussi, la sélection sécurisée de partenaires sur les plateformes permet de choisir des correspondants potentiellement sûrs et compatibles. Ils sont mieux identifiés grâce aux informations de base et aux échanges écrits ou téléphoniques, avant toute rencontre physique.

La libido chez l'homme et la femme

Dans de nombreuses études, les hommes révèlent une plus grande fréquence de désirs sexuels, car leur libido est plus forte que celle des femmes. Ils tendent donc à initier des interactions sexuelles. À quoi est-ce dû ? À leurs différences biologiques !

Les études confirment que les hommes ont des niveaux de testostérone plus élevés que les femmes, même si celles-ci en sécrètent également. Cela se traduit par une plus grande fréquence de pensées sexuelles. Les cycles hormonaux des femmes peuvent également affecter leur désir sexuel, avec des périodes accrues liées à l'ovulation, par exemple. Les hommes, en revanche, ont des niveaux plus constants de désir.

Aussi, les attentes culturelles peuvent influer sur la façon dont l'homme et la femme expriment leur désir sexuel. Dans certaines cultures, les hommes sont encouragés à être plus actifs, tandis que les femmes sont souvent incitées à être réservées.

La multiplication des partenaires chez les hommes

Certains hommes sont motivés par le désir de rencontrer une large gamme de partenaires sexuels. Nous les appelons des « chasseurs ». Le changement systématique représente une source d'excitation mentale et hormonale supplémentaire. Le plus souvent, ils confirment leur pouvoir de séduction et leur capacité à exciter un maximum de conquêtes. S'agit-il d'une dépendance à ces poussées hormonales de plaisir si connues en physiologie ? Se soucient-ils du plaisir de l'autre ? Nous ne pouvons pas vraiment répondre à la question d'une façon générale, mais il semble tout de même qu'un des plus grands plaisirs de l'homme soit d'en donner aux femmes !

La note des auteurs

Sur de nombreuses applications Click & Love, il n'est pas rare de tomber sur des profils de femmes clamant haut et fort: « Plan cul, passez votre chemin ! » Ce message est une tentative de filtrage, une barrière érigée contre les avances non désirées. Ces femmes cherchent à écrémer le lot, à séparer ceux qui cherchent des relations sérieuses de ceux qui sont là pour des aventures sans lendemain. Cette démarcation souligne une réalité incontournable des applications de rencontre : la présence de chasseurs notoires, ces utilisateurs à la recherche de relations sexuelles rapides et sans attaches. Afin d'éviter d'être trop sèche ou brutale d'emblée dans votre description, vous avez plutôt le choix de ne pas liker un homme qui aurait prévenu dans son profil qu'il ne recherchait «Rien de très sérieux». Mesdames, soyez sélectives dans vos likes.

Le cas des motivations non sexuelles

Certains utilisateurs d'applications Click & Love qui s'y inscrivent avec l'idée de « se faire des amis » nous laissent dubitatifs ! Se fourvoieraient-ils eux-mêmes sur leurs propres intentions ? Est-ce une tactique pour « piéger » les femmes dites frileuses ? L'écrivent-ils pour se décharger de toute responsabilité en cas d'échec ? Dans tous les cas, nous estimons la formule grotesque et inadaptée dans un tel contexte d'adultes en quête de rapports sentimentaux. Ces hommes font croire qu'ils ne se limitent pas à la recherche de relations sexuelles... C'est le cas de certaines femmes également.

Nous suggérons à ces personnes de se tourner plutôt vers les plateformes comme OVS (onvasortir.com) pour l'Europe et URBEEZ (urbeez.com) pour le reste du monde, dont le Québec, qui offrent des possibilités de rencontres amicales. Elles attirent des individus cherchant à élargir leur réseau social, à découvrir de nouvelles activités ou à partager les leurs ; et pourquoi pas, à se lier d'amitié dans un environnement moins axé sur le sexe.

Finalement, à la question de savoir si le sexe serait une motivation suffisante pour s'inscrire sur une plateforme de rencontre, nous répondons par l'affirmative ! Ne soyons pas naïfs : au mitan de notre vie, nous devons admettre que la sexualité est une composante fondamentale des relations sentimentales. Au-delà des raisons exposées plus haut, l'activité sexuelle peut permettre de découvrir des aspects de soi-même insoupçonnés jusqu'alors, voire nous « réparer » d'expériences passées... L'expression du désir se fait d'autant plus librement que les intentions des uns et des autres sont claires. On ne s'inscrit pas sur une application de rencontre pour cueillir des champignons (enfin, pas seulement !).

De plus, grâce à ces plateformes, les hommes et les femmes de la communauté LGBTQ trouvent des facilités à rencontrer des personnes ayant la même orientation sexuelle, sans avoir à se cacher si, malheureusement, leur contexte social, religieux, politique ou familial les y contraint.

CHAPITRE 22

QUAND ET OÙ PLACER LES LIMITES?

Les hommes commencent parfois à faire quelques allusions sexuelles après quelques jours d'échanges par écrit. Ils testent la réceptivité de leurs interlocutrices ou interlocuteurs, le but étant de percevoir s'il existe une attirance virtuelle à ce stade. Ces allusions sont formulées subtilement par des jeux de mots, choisis volontairement pour leur double signification. Certains mots et phrases-clés tels que: « Vivre le moment présent en apprenant à se découvrir », « Je laisse le plaisir de te découvrir… [sic] », « *Carpe diem* », doivent parfois se décoder.

Des allusions très claires!

Cependant, il est appréciable de lire des présentations claires qui vous emmènent droit au but. Voici quelques exemples que nous avons appréciés pour leur originalité:

- « Gourmet sensuel, je recherche quelqu'un qui n'a pas peur de savourer chaque bouchée de la vie, que ce soit lors d'un dîner ou d'un moment plus intime. »
- « Sportif et joueur, je veux trouver quelqu'un avec qui partager non seulement des défis physiques, mais aussi des moments de complicité et de tendresse débridée. »

- « En quête d'expériences qui éveillent tous les sens, je cherche une personne qui est aussi ouverte et curieuse, prête à explorer des plaisirs nouveaux et excitants. »
- « Je cherche quelqu'un qui apprécie les petits plaisirs de la vie, comme un bon massage après une longue journée, et qui comprend l'art de toucher et d'être touché. »
- « Je suis un explorateur dans l'âme, surtout quand il s'agit des contours du plaisir. Je recherche quelqu'un de spécial pour une aventure sensuelle et émotionnelle. »

Par ailleurs, les émojis sont aussi porteurs de messages coquins. Les plus significatifs placés à la fin de certains messages montrent…

💋 une marque de baiser/rouge à lèvres ardent.

😈 un petit diable. C'est un moyen d'exprimer un côté espiègle et diabolique sans faire quelque chose de mal ni être ouvertement provocateur, et une façon subtile de faire passer le message qu'on planifie quelque chose d'amusant, mais dangereux - alors, faites attention !

😉 un visage avec un clin d'œil.

😊 un personnage qui rougit.

😋 un visage savourant de la nourriture. Miam, dit l'émoji. C'est un code.

😘 l'envoi d'un baiser ou de plusieurs et, surtout, de plusieurs consécutifs.

Ainsi, les allusions par jeux de mots, l'humour et les émojis spécifiques sont là pour voir la façon dont vous allez y réagir. Cela reste bien sûr à votre discrétion. Vous pouvez imposer vos limites clairement ou, au contraire, abonder dans le même sens en utilisant un émoji ou une réponse telle que « Mmmm… », signifiant que ce mode de communication vous excite également.

Quant aux photos « sexy » telles celles d'un homme ou d'une femme svelte en costume de bain, ou zoomant sur des abdominaux musclés, des vêtements affriolants (un décolleté plongeant, une lingerie suggestive, des pantalons très moulants), des postures volontairement aguicheuses (attention à la prostitution déguisée !), elles ne doivent pas vous laisser dupe sur l'intention suggérée.

Alerte rouge !

D'autres situations nous semblent plus dangereuses et nous alertent. Il s'agit notamment des demandes d'envoi de photos de vous en petite tenue. Elles sont rares et n'apparaissent qu'après un échange d'écrits et un passage sur d'autres réseaux (Signal ou WhatsApp par exemple). Comme nous l'avons déjà mentionné, il reste très risqué de les envoyer avec votre visage ou si votre nom est connu.

Les propos salaces sont également rédhibitoires pour la plupart d'entre nous. Remettez rapidement à sa place le contrevenant ou bloquez-le, tout simplement !

Aussi, les échanges écrits (surtout la nuit) donnent l'occasion de se laisser aller à déclarer ses fantasmes. Soit l'échange vous plaît et vous donne l'occasion de parler des vôtres, soit vous mettez fin à la conversation.

Attention aussi aux propositions de libertinage ! Sachez qu'il existe des applis spécifiques pour les adeptes du libertinage.

Il n'y a donc pas de raison d'évoquer ces demandes sur les plateformes classiques de rencontre. Ces personnes auraient alors plus de chances de trouver chaussure à leur pied!...

Certaines personnes vous envoient des vidéos pornos (masturbation) ou des photos de pénis en érection. Cela ne devrait pas arriver sur une application de rencontre, car le système vous mettra en alerte et bloquera l'individu. De même pour des vocables sexuels récurrents ou injurieux. Au risque de nous répéter, sortez de là!

Les limites à ne pas dépasser sont celles que VOUS DÉCIDEZ. Ne vous laissez pas influencer contre vos valeurs, ni par la culpabilité de ne pas être « ouvert » et « relax »!

PARTIE 9

ET SI ON SE RENCONTRAIT ?

Une fois que vous avez établi une bonne connexion avec votre correspondant sur une plateforme Click & Love, vous pouvez envisager de planifier une rencontre en personne. Cette partie explore les aspects émotionnels vécus par les hommes et les femmes lors de ces rencontres, tout en analysant leurs différences de perception et d'interprétation des comportements. Elle vous propose également des conseils pratiques pour éviter certaines erreurs.

CHAPITRE 23

AVANT DE SE VOIR…

Après les échanges virtuels, voici venu le temps de « LA » rencontre physique. Le premier rendez-vous est un moment décisif qui peut soit consolider une connexion, soit révéler une incompatibilité.

Des attentes à la réalité

Lors d'une première rencontre, hommes et femmes peuvent éprouver une certaine pression, dans l'espoir bien légitime que la personne répondra à leurs espérances. Ces attentes sont bien évidemment inspirées par les échanges écrits et téléphoniques qui ont eu lieu au préalable.

La projection de cette rencontre peut engendrer de l'excitation, mais aussi de l'anxiété, et ces deux composantes affectent la manière dont les individus se présentent et interagissent. C'est un piège dans lequel il vous faudra éviter de plonger trop profondément.

Il est parfaitement humain d'imaginer la personne que vous allez rencontrer, mais comme vous ne l'avez jamais vue, il y a fort à parier qu'elle sera assez différente de votre projection mentale. S'attendre à quelque chose de trop précis et fantasmer la rencontre revient à se créer une déception programmée.

L'esprit humain a tendance à idéaliser et cristalliser une image positive de l'autre. Celle-ci va probablement être entachée lors des premières rencontres, ce qui ne veut pas dire qu'elle sera rédhibitoire. Le stress de la rencontre en personne est cependant bien atténué si vous êtes passé par la phase du téléphone et/ou de la vidéo. Le secret, ici, pour ne pas ressentir de pression est de ne rien envisager d'autre que de passer un bon moment avec une personne agréable et intéressante…

Ne pas confondre la séduction et la manipulation

La séduction est-elle une manipulation[14] ? Voilà une question que chacun est en droit de se poser. Bien souvent, la réponse n'apporte aucune satisfaction, car la question en elle-même contient un paradoxe. La séduction est à la fois un *processus* et une *phase* intervenant dans une fonction encore plus large, celle de la construction d'une éventuelle relation.

La phase de séduction s'inscrit dans le temps. Elle peut durer une soirée, un mois ou deux ans : à chacun son rythme. Elle suppose un enjeu important pour la plupart d'entre nous : *plaire*. Si vous plaisez à l'autre dès le début, vous avez plus de chances de poursuivre une relation amoureuse. Se donner la possibilité de plaire à quelqu'un est donc tout à fait légitime.

Il est normal de préférer se montrer sous un meilleur aspect lorsqu'on est attiré par quelqu'un. Nous disons bien, « meilleur aspect » et non pas « aspect différent » : cela va nous permettre d'entrevoir la différence entre la séduction active et saine et la manœuvre manipulatrice. S'évertuer à montrer un aspect différent de soi dans le but de séduire, pour ensuite changer radicalement d'attitude et de comportement dès que l'emprise est assurée, évoque sans nul doute la manipulation.

14. Voir *Les manipulateurs et l'amour*, Isabelle Nazare-Aga, Éditions de l'Homme, Montréal, 2000, 4e édition, 2023.

La phase de séduction met en action un système de codes sociaux et culturels que nous connaissons pour les avoir mis en pratique plus ou moins maladroitement à l'adolescence. Ces codes existent dans chaque culture et peuvent être différents selon les pays.

Le mode de séduction est étroitement lié à la langue et à la culture. Les règles du jeu se situent dans le non-dit. Dans chaque pays, ces règles existent. Elles ne se mettent pas en place à l'insu des protagonistes, mais sont, au contraire, bien connues d'eux. Par exemple, en France, celui qui vous convoite (rarement celle) vous invite à dîner en tête à tête pour sous-entendre qu'il ne veut pas en rester là. S'il s'agit d'une simple relation amicale, ce code n'est cependant pas sous-entendu. De la même manière, la femme qui vous propose un dernier verre chez elle émet le message implicite qu'elle s'attend à une suite. Dans ces cas, on ne parle pas de manipulation, car chacun est censé pouvoir interpréter les clés de ce code. Le doute peut toutefois rendre ce moment excitant, mais aussi, pour certains, anxiogène.

Dans la séduction, nous désirons nous montrer attirants, ne serait-ce que physiquement. Présenter ses meilleurs atouts lorsque nous souhaitons plaire fait partie du jeu et il est naturel de s'y adonner. Nous tenons, malgré ce petit coup de pouce, à rester authentiques.

En revanche, l'individu manipulateur séduit par des moyens qui ne font pas partie de son registre propre. Par exemple, il fait croire à un statut social qui ne correspond pas à sa réalité, il simule la galanterie et l'attention à l'objet convoité, alors que l'intention sous-jacente n'est aucunement le respect sincère de l'autre. Même s'il n'en a pas les moyens, il se pare d'accessoires visiblement liés à la richesse matérielle (voiture, bijoux, vêtements, choix d'un luxueux restaurant) alors que sa générosité ne s'applique qu'à lui-même. Le manipulateur séduit en trompant l'autre sur sa vraie nature. Son but n'est pas d'aimer l'autre et de donner, mais bien de le piéger par des gestes, des attentions, des paroles et des accessoires attrayants qui laissent présager une suite bien agréable, voire idéale.

La séduction basée sur le mensonge et la tromperie est donc une manipulation, point. Elle floue l'autre à son insu. L'éthique fait défaut au manipulateur. Il a cependant la caractéristique de faire croire pour un temps qu'il adhère à ses règles, comme tout le monde !

L'authenticité est la clé. Prétendre être quelqu'un d'autre peut conduire à des malentendus et indubitablement à des déceptions.

Planifier le rendez-vous

Il est important de bien planifier une première rencontre. Après tout, elle donnera peut-être lieu à une toute nouvelle relation ! Voici donc quelques conseils pour vous aider.

Soyez clair sur vos intentions

Avant de proposer une rencontre en personne (une *date* en anglais), assurez-vous que vous êtes tous les deux sur la même longueur d'onde sur ce que vous recherchez.

Choisissez le bon moment

Trouvez un moment qui convient *à tous les deux*. Évitez de proposer de vous rencontrer trop rapidement ou trop tardivement, car cela peut donner l'impression que vous êtes soit désespéré, soit pas intéressé. Il n'y a pas de règle précise à ce sujet… En pratique, quel est le bon moment ? Vaut-il mieux en après-midi ou en soirée ? En semaine ou en week-end ? Cela dépend de vos disponibilités ; l'important est de ne pas avoir de contraintes horaires, car la nuit vous appartient, en cas de coup de cœur…

Choisissez le bon lieu

Pour un premier rencart, optez pour un lieu où vous vous sentez à l'aise, de préférence, que vous connaissez déjà. L'endroit dit approprié doit permettre une conversation discrète. Les endroits trop bruyants, la promiscuité ou les lieux qui pourraient être inconfortables ne sont pas adaptés. Préférez-vous une brasserie calme ou une terrasse ? Un café paisible ? Le bar d'un bel hôtel ? Un lieu de promenade ? À domicile ?... Inviter systématiquement la femme devrait être une évidence pour tout homme hétéro ! L'éducation et la galanterie se perdent malheureusement dans quelques pays ou certaines strates de la société…

Soyez flexible

Faites preuve de souplesse en termes de lieu et d'horaire. Si votre prétendant.e a des contraintes, trouvez un compromis qui vous sied mutuellement.

Restez en sécurité

Il vous est possible d'informer un proche de l'heure et de l'adresse de votre rencontre. Vous pouvez même prévoir de vous faire appeler au bout de 15 à 30 minutes : cela vous offre une échappatoire dans le cas où les premiers instants ne seraient pas concluants. Dès lors, vous donnez l'excuse d'une urgence pour prendre la poudre d'escampette !

Maintenant que vous avez planifié votre rencontre, passez au chapitre suivant. Vous trouverez de nombreuses astuces pour faire de votre rendez-vous une réussite !

CHAPITRE 24

RÉUSSIR SA PREMIÈRE RENCONTRE

Si vous avez réussi à planifier une *date* sur une appli Click & Love, la prochaine étape consiste à faire en sorte que ce rendez-vous soit un succès. Nous vous proposons quelques conseils qui, nous l'espérons, vous aideront dans votre démarche.

Tout d'abord, habillez-vous de manière appropriée. Montrez que vous prenez ce rendez-vous au sérieux. Évitez les tenues trop décontractées ou celles qui pourraient être inadaptées pour le lieu et l'heure de la rencontre choisie. Soigner sa tenue est important, car cela vous fera sentir à l'aise et davantage en confiance. L'effort des deux côtés est de mise !

La note des auteurs

Ne passez pas des heures à trouver une tenue trop sophistiquée ou qui ne vous ressemble pas. Sublimez ce que vous êtes, ne vous transformez pas !

Arrivez à l'heure ou même quelques minutes à l'avance pour montrer que vous êtes sérieux et respectueux. Par contre, si la rencontre se fait chez l'autre, n'y soyez jamais en avance.

Une première rencontre en personne peut générer des sensations telles que l'appréhension, l'anxiété, l'excitation ou encore l'enthousiasme. Essayez de contenir votre stress pendant la rencontre, car le risque majeur est d'être trop intimidé et possiblement maladroit. Autrement dit, gérez *au mieux* votre trac ! Gardez à l'esprit qu'il s'agit d'une opportunité pour tester votre compatibilité. Cependant, il est tout à fait normal de ressentir de l'émotion lors d'une première rencontre puisque vous souhaitez vous présenter sous votre meilleur jour. Le fait d'être un peu trop sûr de soi en ces circonstances peut intimider l'autre et même le faire douter et fuir.

Ne surjouez pas un personnage pour impressionner votre interlocuteur. Ne pas être authentique demande beaucoup d'efforts mentaux et vous risquez de vous fourvoyer dans des incohérences dont vous aurez du mal à vous extraire.

Les premières secondes sont déterminantes. La façon dont la personne s'approche de vous, dont elle est habillée, si elle sourit ou non, vous reconnaît ou pas, semble surprise, a un regard droit ou baissé, l'allure de son pas, sa démarche, sa prestance, sa beauté selon vos critères… bref, l'attitude générale est systématiquement repérée et ressentie de façon instinctive. C'est la première impression, Ensuite, il vous faut confirmer votre perception…

Messieurs, ayez du savoir-vivre !

Sur vos épaules, chers hommes, repose un tas de codes bien établis dans votre culture pour être agréables aux femmes. Nous vous proposons quelques rappels afin de « gagner des points » auprès de celles que vous rencontrerez. Oui, vous ne le savez peut-être pas, mais la femme compte en points positifs ou négatifs les attitudes, comportements et propos qui lui sont adressés par les hommes qui la séduisent !

- Levez-vous et marchez à sa rencontre si vous êtes assis.
- Demandez-lui : « Me permets-tu (permettez-vous) de te (vous) faire la bise ? » (Ce n'est pas obligatoire. Ne vous offusquez pas en cas de refus à ce stade.)
- Si elle a du retard, ne lui en faites pas la remarque.
- Si vous tenez absolument à lui faire un compliment, demandez-vous plutôt comment lui dire quelque chose qu'elle n'a pas déjà entendu des dizaines de fois. Ne lui dites pas qu'elle a de beaux yeux, vous passeriez pour un dragueur blaireau. L'impact est égal à néant… voire négatif. Vous devez être celui qui se démarque. Ne souhaiteriez-vous pas qu'elle dise de vous à ses amies : « Lui, il est différent ! » ? Alors, autant que faire se peut, essayez d'être honnête et véridique dans vos compliments.
- Si vous êtes définitivement conquis, au lieu de lui dire bêtement que vous la trouvez belle, optez pour « Tu es une femme étonnante ». À cet instant, il vous faudra avoir un minimum de répartie, car elle vous demandera assurément en quoi vous la trouvez étonnante. Vous avez peut-être suscité son intérêt, mais la partie est loin d'être gagnée. À vous de ne pas commettre d'impairs.
- Ouvrez-lui les portes.
- Une fois que vous êtes avec elle, mettez votre téléphone en mode silencieux et laissez-le dans votre poche (pas sur la table).
- Évitez de reluquer ses seins ou ses fesses.
- Faites attention à l'incursion dans sa sphère intime ou aux échanges tactiles.
- Regardez-la dans les yeux lorsque vous lui parlez et lorsqu'elle vous parle.
- Ayez les mains, les ongles, les chaussures et les dents propres. Assurez-vous d'avoir une haleine fraîche (ne jamais mâchouiller un chewing-gum pendant le rendez-vous).

- Si vous êtes à une table, ayez une posture droite et non avachie, ne jouez pas avec vos doigts, ne les mordillez pas, évitez de vous gratter où que ce soit, souriez ou riez à ses propos, mais pas de manière niaise, ne trépidez pas avec vos jambes ou vos pieds, ne buvez pas excessivement, au risque de passer pour un pochtron !

La note des auteurs

Messieurs, ne soyez pas pingres lors du premier rendez-vous et invitez systématiquement ces dames ou demoiselles dans le cas d'un verre, d'un déjeuner ou d'un dîner. Bien évidemment, refusez catégoriquement si elle vous propose de partager l'addition (vous passeriez pour un mufle). Dans ce dernier cas, vous pourriez lui dire en souriant: «Tu es aussi drôle que bien élevée.» Toutes les femmes sont sensibles à l'élégance et à la galanterie lorsqu'elles sont savamment distillées.

En résumé, essayez d'être décontracté tout en restant élégant et galant ; les femmes apprécient généralement les hommes qui ont confiance en eux.

Mesdames, attention à vos rêves !

On dit que les femmes hétéros veulent un homme qui les fasse rêver, qu'elles ont besoin d'admirer celui qui les sortira de leur train-train quotidien et qui les surprendra (surtout après une longue relation conjugale). Bref, qu'elles veulent un Indiana Jones des temps modernes, un aventurier courageux capable de prendre des initiatives. C'est un fantasme ! Et la faille de nombreuses femmes !

Mesdames, vous devez vous méfier des promesses puisque celles-ci à elles seules suffisent à générer des attentes qui risquent de ne jamais être honorées. Il y a rêves et rêves. Ceux qui font appel à l'imagination et qui vont stimuler une attente, un espoir ou la libido ne durent qu'un temps lorsqu'ils sont confrontés à l'épreuve de la réalité.

Les femmes ont des points communs, mais n'ont pas toutes les mêmes attentes en matière de couple. Alors que certaines recherchent un aventurier, un original, un créatif, un ambitieux ou un téméraire, d'autres seront totalement rassurées par un protecteur (beaucoup plus âgé qu'elles, par exemple), à la stature stable ou par un homme qui, par son statut social ou professionnel, leur permet d'accéder à la sécurité financière et à un statut supérieur pour elles-mêmes. Elles vont donc rapidement repérer, dès la présentation des profils d'hommes, les indices stéréotypés qui révèlent leur niveau social, leur capacité ou aisance financière, mais aussi leur ambition à travers leur métier, leur niveau d'études, leurs passe-temps, leurs actions, leurs projets ou leurs réussites… le plus souvent pour évaluer le potentiel à long terme de la relation.

Arrêtez de chercher des profils idéaux pour dénicher l'homme parfait ! La perfection n'existe pas ! Et vos attentes irréalistes n'entraîneront que de la déception. Essayez d'être un peu plus ouverte et permettez à celui qui vous courtise d'avoir lui aussi ses défauts…

Alimenter la conversation et garder la flamme

Que vous soyez homme ou femme, en rencontre avec quelqu'un du même sexe ou du sexe opposé, la prochaine étape consiste à entretenir une conversation intéressante et engageante. Voici quelques astuces pour y parvenir.

Posez des questions ouvertes

Elles sont un excellent moyen de susciter des conversations intéressantes. Évitez de poser une succession de questions fermées qui nécessitent une réponse trop simple, comme oui ou non, et optez plutôt pour des questions qui requièrent une réflexion plus approfondie.

Soyez à l'écoute

Écoutez attentivement les réponses de votre interlocuteur et utilisez-les pour poursuivre le dialogue. Posez des questions de suivi et réagissez par acquiescements ainsi que par un contact visuel en adéquation. La combinaison des deux modes exprime de l'intérêt pour ce que votre correspondant dit.

Utilisez l'humour

L'humour est un excellent moyen de briser la glace et de créer une complicité. Utilisez des blagues, des jeux de mots ou des anecdotes pour ajouter un peu de légèreté à la conversation. N'en faites pas trop non plus !

Évitez les conversations ennuyeuses

Elles sont un tue-l'amour. Cela peut aller très vite. En moins d'une demi-heure. Essayez d'être créatif pour aborder des thèmes variés. Ne passez pas en revue les problèmes rencontrés dans votre quotidien, en famille ou au travail. Rester trop longtemps sur le même sujet peut lasser l'autre, surtout lorsqu'il montre des signes d'ennui tels que les yeux qui se détournent vers l'environnement et un manque d'acquiescements. Bref, si vos propos ne semblent pas éveiller une curiosité ou un intérêt commun, changez de sujet sous les dix minutes et lancez la balle dans l'autre camp par une question.

Discutez d'intérêts communs

C'est ce qu'il y a de plus simple et agréable pour alimenter un échange intéressant, tout en dérivant sur vos passions respectives.

Tolérez le silence

Sachez que les silences de quelques secondes font partie intégrante des conversations. Ces pauses permettent à chacun de réfléchir à ce qui a été dit et à ce qu'il veut exprimer ensuite. Utilisez ces moments de silence pour rassembler vos pensées et formuler une réponse réfléchie. Accepter le silence, c'est éviter de combler les blancs avec du bavardage inutile. Résistez à la tentation de le remplir de paroles futiles ou de commentaires superflus.

Évitez les sujets controversés

La politique et la religion peuvent facilement diviser les gens et leur faire commettre des maladresses. Les propos radicaux sont à bannir puisqu'ils risquent de générer du stress chez un interlocuteur dont vous ne connaissez pas encore les idées.

Soyez vous-même

Ne prétendez pas être quelqu'un que vous n'êtes pas, cela ne mènera nulle part. Mieux vaut savoir rapidement si on plaît au naturel, non ?

En gardant ces astuces à l'esprit, vous devriez être en mesure de passer un excellent moment d'échange et de partage. Et qui sait, une relation sentimentale, intime ou simplement amicale peut naître dès ces premières heures…

Comment bien gérer les rendez-vous suivants ?

Maintenant que vous avez réussi votre premier rendez-vous, voyons comment maintenir l'intérêt mutuel et éviter les erreurs courantes.

Démontrez votre intérêt

Continuez à communiquer avec l'autre après la première rencontre. Envoyez-lui des messages et organisez des rendez-vous réguliers (au téléphone ou en personne) pour vous rapprocher.

Soyez patient

Ne vous précipitez pas dans la relation, sauf si l'élan est mutuel. Laissez votre instinct vous guider. Usez des codes sociaux et prévenez la personne, au besoin, que vous êtes *old school*, si vous tenez encore aux rôles attribués traditionnellement aux hommes ou aux femmes dans le domaine de la séduction. Ce temps vous permet de constater si vous partagez les mêmes opinions sur ce que vous considérez comme étant du savoir-vivre. Cela est souvent révélateur du sens de l'évolution d'une relation. C'est l'occasion de rechercher des indices sur la compatibilité de vos valeurs afin d'évaluer le potentiel à long terme de la relation.

Variez les activités

Faites en sorte que vos rendez-vous ne tombent pas dans la monotonie. Allez voir un film, un spectacle, participez à un événement local ou essayez un nouveau restaurant… Profitez des évènements populaires et/ou culturels présents dans votre région. Ces opportunités sont d'excellents moyens de combiner des découvertes en duo et des visites de lieux que vous désirez faire connaître à l'autre.

Évitez les manipulations

Ne jouez pas à des jeux égocentriques qui peuvent s'avérer pervers. Soyez intègre et direct en ce qui concerne vos sentiments et vos intentions. Ne générez pas de jalousie juste pour vous satisfaire de l'idée que l'autre tient à vous.

Les erreurs à éviter lors de la première rencontre

- Ne parler *que* de soi et oublier de s'intéresser à la vie de l'autre.
- Faire de l'écoute aversive (se laisser happer par une diversion alors que notre interlocuteur nous parle).

- Parler de ses ex-partenaires.
- Développer trop souvent sur les problèmes rencontrés dans l'éducation de ses enfants.
- Exposer une liste de ses critères d'amour idéal ou de relations sentimentales.
- Arriver *souvent* en retard.
- Ne jamais proposer d'activité.
- Toujours laisser l'autre faire les premiers pas ou suggérer des rencarts.
- Être *trop* aux petits soins (se mettre en quatre pour plaire).
- Entrer dans une routine (de lieux et d'horaires, par exemple).
- Trouver systématiquement des excuses à ses propres manquements à un engagement (retards, oublis, changement soudain de programme sans prévenir, renoncement, mettre l'autre devant le fait accompli, etc.).
- Oublier de s'excuser (quand c'est approprié).
- Exposer des problèmes, mais réfuter ou repousser les solutions que l'interlocuteur nous suggère (l'échange n'est plus nécessairement constructif, cela alourdit fatalement l'ambiance !).
- Ne pas supporter que l'interlocuteur ne réponde aux SMS qu'au bout de plusieurs heures.
- Émettre des demandes quant à la tenue vestimentaire de l'autre (à ce stade de la relation, c'est mal venu).
- Faire des plans sur la comète (retenez votre propension à vous projeter dans des activités de couple trop sérieuses : vacances, sorties, rencontres avec les amis ou la famille…).

Si vous avez trouvé la « bonne » personne selon vos critères, il est recommandé de vous désinscrire ou de suspendre votre compte et de demander à l'autre d'en faire autant. En effet, la tentation est grande de continuer à découvrir qui vous a liké, dans l'espoir de trouver toujours mieux. C'est une quête sans fin et donc une source d'insatisfaction, quoi qu'il arrive. En ne vous désinscrivant pas, vous serez constamment sollicité par les notifications des applis Click & Love. Vous risquez de vous désinvestir de la relation qui démarre ; cela serait dommage…

NAVIGUER EN TOUTE CONFIANCE !

En explorant le monde des rencontres en ligne, nous avons réalisé combien le succès d'une démarche pour rencontrer un.e partenaire est soumis au sérieux et à quel point il est important d'éviter de sauter des étapes. Malheureusement, trop de personnes s'inscrivent en omettant de stipuler les informations significatives les concernant ou leurs attentes. Pire, certaines mentent ou considèrent leur inscription comme un jeu sans conséquences. Il s'agit d'une erreur très courante.

De nombreuses personnes utilisent ces plateformes. En juin 2024, les jeunes de 18 à 24 ans représentaient 38 % des utilisateurs de Tinder, les 25 à 34 ans, 45 %, les 35 à 44 ans, 13 %, les 45 à 54 ans, 3 %, et les 55 ans et plus… 1 %. Pour les deux dernières tranches d'âge, cette discrétion montre une certaine gêne sociale encore attachée à ce mode de rencontre. Nous espérons que les outils pratiques présentés dans cet ouvrage aident les plus de 45 ans à se sentir à l'aise et légitimes dans cette démarche. Notons que la forte proportion des jeunes gens dans ces statistiques nous montre aussi que l'avenir des communications à travers les écrans et les réseaux sociaux se conjugue déjà… au présent !

Or, les déceptions sont inévitables dans toute démarche de rencontre, qu'elle soit en ligne ou non. Ce n'est pas dramatique. Plutôt que de blâmer le principe des plateformes de rencontre à la suite de relations insatisfaisantes, pensez que ce sont vos intentions et vos attentes individuelles qui évoluent avec chaque expérience.

Si vous ne soignez pas votre profil, vous manquerez des occasions de rencontrer la « bonne personne », car cette dernière ne vous reconnaîtra pas comme un match potentiellement intéressant. Plus vous subirez d'échecs, plus vous générerez des sentiments de désillusion. Les déceptions affectent le moral et le bien-être… Vous détenez toujours les moyens de prendre de la distance émotionnelle. Le secret du succès est de tomber parfois, de se relever et de repartir !

Aussi, les applications ont cet avantage de vous permettre de sortir de votre cadre habituel de vie. Vous y croisez des profils auxquels vous n'auriez probablement jamais eu accès dans votre quotidien ou par l'intermédiaire d'amis (toujours les mêmes !). Or, ceux-ci nous font rarement rencontrer de nouveaux types de personnes. Les plateformes de rencontre, elles, nous proposent un monde plus ouvert et inédit.

De plus, si vous espérez qu'une rencontre se présente miraculeusement en personne de façon impromptue, vous pourriez passer le reste de votre vie à attendre ! Il ne vous reste *peut-être* pas beaucoup de temps pour créer une relation sentimentale et être en forme sexuellement… Pour les personnes à mi-chemin de leur vie, cette réalité peut sembler particulièrement dure, mais elle ouvre également la voie à une réflexion plus profonde sur vos attentes et vos expériences relationnelles. Vous avez le pouvoir de décision, vous êtes en partie maître de votre destin, car la chance sourit aux audacieux. Cent pour cent des gagnants ont tenté leur chance !...

Si votre sélection est suffisamment sérieuse et cohérente avec votre nouvel état d'esprit, ces rencontres sont formidables ! Faire face à l'inconnu peut être très excitant et stimulant. C'est cette mentalité d'ouverture à l'autre qui vous fera réussir à trouver les bonnes personnes, celles qui *vous* conviennent. Que les relations durent longtemps ou pas n'est pas la question.

Une rencontre directe, qu'elle soit virtuelle ou physique, n'est pas la garantie de longévité ni celle de la qualité d'une relation sexuelle. Beaucoup trop de gens imaginent que les rencontres faites par hasard ont plus de valeur que celles qui pourraient être organisées ou prévues. Cette notion ne repose sur rien ! Il n'y a aucune preuve que les rencontres que vous pourriez faire fortuitement dans le cadre de la vie sociale ou professionnelle soient une meilleure garantie de bonheur ou de longévité. Seuls les échanges qui vont suivre le premier contact vous diront si un lien est en train de naître et s'il vaut la peine d'être poursuivi. Autrement dit, la façon dont vous avez été interpellé par un profil n'est pas en rapport avec la suite à donner.

Aussi, pour les plus frileux d'entre vous, dites-vous qu'il est préférable de monter dans le train et d'en redescendre si vous avez pris la mauvaise direction. Évitez de penser que le choix que vous faites est un engagement définitif ou que vous tombez dans un piège quelconque. L'usage des applis et des sites de rencontre vous garantit au contraire un gain de liberté, tout en préservant les codes de bonne conduite et de respect d'autrui.

Également, ces expériences doivent être vues comme des opportunités d'apprentissage et de croissance personnelle. Chacune d'elles mérite d'être vécue pleinement et considérée comme un pas vers une meilleure compréhension de soi et des autres. C'est en cultivant cette attitude positive et ouverte que l'on peut véritablement transformer les rencontres en ligne en des aventures enrichissantes, quelle que soit la phase de vie dans laquelle on se trouve.

Certaines personnes espèrent y découvrir leur âme sœur. Selon John Gray[15] : « On distingue quatre principaux types d'interaction entre deux personnes qui sortent ensemble : des interactions d'ordre physique, émotionnel, intellectuel et spirituel. Les interactions physiques engendrent le désir ; les interactions émotionnelles engendrent l'affection ; les interactions intellectuelles suscitent l'intérêt et les interactions spirituelles donnent naissance à l'amour. Une âme sœur interagit avec vous sur chacun de ces quatre plans. »

À cela, il ajoute : « [...] une âme sœur présente une autre caractéristique d'importance : elle n'est pas parfaite. N'espérez pas qu'elle coïncide en tous points à la liste des qualités requises pour votre partenaire idéal. Elle a un passé. Tout comme vous. Elle a ses bons jours et ses mauvais jours. Elle ne ressemble peut-être pas à ce que vous attendiez et elle a sans doute des défauts que vous n'appréciez guère. Mais quand votre cœur s'ouvrira à l'amour et que vous la connaîtrez plus amplement, elle se révélera parfaite... pour vous. »

Toujours selon cet auteur : « Une attirance physique ne peut perdurer toute une vie que lorsqu'elle résulte aussi d'une union des esprits, des cœurs et des âmes »... Nous sommes d'accord avec lui.

Gardez donc à l'esprit que les applications Click & Love ne sont que des outils. Elles ne garantissent pas le succès d'une relation amoureuse ou la qualité d'une rencontre purement sexuelle. Ne devenez pas *obsédé* par ces plateformes, même si elles représentent un moyen extraordinaire de saisir les chances de trouver le bonheur. Il vous faut garder un équilibre entre la vie virtuelle et la vie réelle.

---

15. *Mars et Vénus se rencontrent*, de John Gray, auteur du best-seller *Les hommes viennent de Mars, les femmes viennent de Vénus*, Éditions Michel Lafon, 2003.

Aucun style d'amour n'est supérieur à un autre à partir du moment où celui-ci vous permet de vous sentir épanoui, compris et satisfait, que ce soit émotionnellement ou sexuellement. Finalement, nous trouvons notre âme sœur ou la personne qui nous convient au moment où nous sommes prêts à l'accueillir.

Les relations amoureuses ne seront jamais sans défauts. Cependant, rien ne vous apportera plus de joie que de vous sentir vivant, d'aimer et d'être aimé.

ANNEXES

ANNEXE 1

QUESTIONS POSÉES À NOTRE PANEL, ÂGÉ DE 31 À 70 ANS

Les questions ont été posées aux participants de notre sondage, concernant leurs expériences sur les sites et applications de rencontre ; vous, lecteur, pouvez vous amuser à y répondre.

En aucun cas nous n'avons analysé ou jugé nos participants. Cette enquête ne nous a intéressés que sur le plan statistique.

1 — La motivation

- Qu'est-ce qui vous a motivé à vous inscrire sur une appli ou un site de rencontre ?
- Y avez-vous été poussé par un proche ?

2 — Le nom des applications de rencontre utilisées

- De quelles applications s'agit-il ?
- S'il y en a plusieurs, les utilisiez-vous en même temps ?
- Quelle plateforme vous a le plus satisfait ? Pourquoi ?
- Laquelle vous a le moins satisfait ? Pourquoi ?

3 — Les premiers émois à l'inscription

- Avez-vous le souvenir des premiers sentiments/émotions ressentis en vous inscrivant et au début de l'utilisation de l'appli (ex. : curiosité, excitation, anxiété, culpabilité, honte, espoir, sentiment de passer à une autre étape de votre vie, l'idée du bonheur à portée de main, etc.) ?
- À force d'utiliser la plateforme, vos motivations conscientes du départ ont-elles changé ?

4 — Votre profil

- Avez-vous eu des facilités ou des difficultés à vous décrire et à choisir vos photos pour établir votre profil ?

- Vous êtes-vous fait aider ? Sinon, auriez-vous aimé ou eu avantage à vous faire conseiller ?
- Avez-vous mis une tranche d'âge précise ? L'avez-vous changée au fur et à mesure de l'usage ?
- Avez-vous établi un périmètre de proximité ?
- Avez-vous trouvé une tactique de présentation pour obtenir plus de matchs ? Soit immédiatement, soit à l'usage en changeant des éléments de votre profil ?
- Avez-vous menti sur certains aspects ? Si oui, lesquels ? Pourquoi ?

5 — *La selection des profils recherchés*

- Quels sont les trois ou cinq critères primordiaux que vous allez directement regarder chez les profils présentés (voir la liste proposée dans l'annexe 2) ?

Quels éléments considérez-vous comme rédhibitoires, c'est-à-dire qu'ils constituent un obstacle radical à liker un profil ?

  - Dans les photos.
  - Dans la description volontaire de la personne.
  - Dans les informations de base (ex : taille, consommation d'alcool, de tabac, signe astrologique, type relationnel recherché, bord politique…) ?

Donnez des indications très précises, sans filtres politiquement corrects. Seuls les aspects modifiables du profil examiné seront pris en compte (à l'exception de la taille).

6 — *Votre réaction au* match

Lorsqu'un match se présente, ressentez-vous un sentiment d'urgence à répondre ou à contacter la personne. Pourquoi ?

- Par quelle phrase initiez-vous les contacts habituellement ?

- Avec combien de contacts avez-vous échangé (environ) ? Il ne s'agit pas des likes reçus ou envoyés ni des matchs non pris en compte.

7 — La période des messages écrits

- Les messages écrits vous mettent-ils mal à l'aise ?
- En général, combien de temps consacrez-vous à la phase d'échanges par écrit ?
- Dans cette première phase, quels indices sont à prendre en compte sur la personne (lesquels sont importants pour vous) ?
- Quels sont les indices rédhibitoires pour vous lors de cet échange, qui font que vous ne passerez pas à une étape ultérieure ?

8 — La phase des appels téléphoniques

- Êtes-vous passé par l'étape de la conversation téléphonique et, si oui, au bout de combien de temps d'échanges écrits ?
- Êtes-vous à l'aise avec un inconnu au téléphone dans ce contexte ?
- Si vous passez à l'étape téléphonique, êtes-vous celui (ou celle) qui le propose ? Qui donne son numéro de cellulaire ?
- Cette étape vous paraît-elle indispensable ? Pourquoi ?
- Qu'est-ce qui vous paraît alors rédhibitoire ?
- Combien d'échanges téléphoniques avez-vous en général avant de proposer ou de décliner la rencontre *de visu*, c'est-à-dire la troisième étape logique ?

9 — Les vraies rencontres

- Sur dix contacts (SMS et/ou téléphone), d'après vos expériences, combien vont se décliner en rencontres en personne ?
- La rencontre physique vous fait-elle craindre quelque chose ? Si oui, quoi ?

Lors de la première rencontre:

- Où avez-vous choisi de vous retrouver?
- Quand (plage horaire)?
- Quelle en a été généralement la durée?
- Quel a été votre ressenti?
- Avez-vous conclu quelque chose à la fin de cette première rencontre?

10 — Plus loin

- Que pensez-vous des sous-entendus humoristiques ou des allusions d'ordre sexuel lors des premiers échanges, qu'ils soient par écrit, par téléphone ou en face à face?
- En faites-vous?
- En avez-vous reçu?
- Quels effets cela crée-t-il chez vous (consciemment et inconsciemment)?
- Si une relation suivie s'engage, est-elle uniquement d'ordre physique ou bien cherchez-vous une relation sentimentale, une complicité, le sentiment d'une «évidence», une rencontre avec l'âme sœur, ou autre…

11 — Que concluez-vous personnellement de votre expérience sur les applications de rencontre?

ANNEXE 2

LES CRITÈRES DE SÉLECTION PRIORITAIRES

Toutes les applications de rencontre présentent des informations de base concernant les profils qui peuvent vous interpeller.

Que vérifiez-vous en premier sur la fiche d'une personne que vous pourriez liker ?

Notez de 1 à 5 les critères par ordre d'importance pour vous.

- Le fait que le profil soit vérifié ou non.
- Le type de relation recherché.
- La tranche d'âge.
- La distance avec vous.
- Le désir d'enfants.
- La consommation d'alcool.
- La consommation de tabac.
- La taille.
- Le régime alimentaire.
- Les centres d'intérêt ou les passions.
- La religion.
- Le niveau d'études.
- L'emploi, le poste.
- Les langues maîtrisées.
- Le mode international.
- L'orientation politique.
- Les activités physiques ou sportives.
- Le signe astrologique.

ANNEXE 3

LE MODÈLE MBTI : LES 16 TYPES DE PERSONNALITÉ

Le Myers Briggs Type Indicator (MBTI) est un outil d'évaluation déterminant le type psychologique d'une personne parmi 16 types différents. Il s'agit d'une technique basée sur la théorie des types psychologiques de Carl Jung.

Ces 16 types de personnalité ont chacun leurs caractéristiques et préférences, ce qui peut aider à mieux comprendre les différences et les similitudes entre les individus.

Attention : il ne s'agit aucunement d'un test de personnalité au sens psychiatrique du terme. On peut davantage parler d'un test élaboré pour comprendre les différents caractères de chacun, sachant que nous en changeons parfois pendant notre existence. Le MBTI est aujourd'hui utilisé dans de nombreux domaines, tels que le développement personnel, la gestion des ressources humaines ou encore la psychologie clinique.

Cette approche se fonde sur quatre dimensions-clés : l'orientation de l'énergie, le traitement de l'information, la prise de décision et le mode de vie.

Le MBTI s'appuie sur quatre axes qui représentent :

1. **Votre façon de vous ressourcer :** les personnes introverties (I) préfèrent la réflexion et la solitude, tandis que les personnes extraverties (E) préfèrent les interactions sociales et l'action.

2. **Votre façon d'analyser une information et/ou une situation :** les personnes qui préfèrent la sensation (S) s'appuient sur leurs sens pour percevoir le monde, tandis que les personnes qui préfèrent l'intuition (N) ont tendance à s'appuyer sur leur intuition et leur imagination.

3. **Votre façon de décider :** les personnes qui privilégient la pensée (T) ont tendance à prendre des décisions logiques et objectives, tandis que celles qui privilégient les sentiments (F) prennent des décisions basées sur leurs émotions et leur empathie.

4. **Votre façon d'aborder le monde extérieur et l'environnement qui vous entoure :** les personnes qui ont tendance à la planification (J) ont besoin d'ordre et de structure dans leur vie, tandis que les personnes qui ont tendance à la perception (P) préfèrent la flexibilité et l'adaptation au changement.

Comment connaître son profil MBTI ?

Pour connaître votre type de personnalité selon ce modèle, vous devez au préalable répondre à un questionnaire. Évitez les tests gratuits[16] contenant parfois trop d'erreurs. Préférez un formateur certifié pour un coaching personnalisé, qui utilisera les outils spécialisés recommandés et vous fera réaliser des exercices. Cela vous permettra d'analyser les résultats pour comprendre votre profil et ses implications. Si vous n'avez pas accès à un conseiller (disponible dans le cadre professionnel le plus souvent), vous pouvez visiter le lien suivant : https://eu.themyersbriggs.com/fr-FR/tools/MBTI.

Quels sont les 16 types de personnalité issus du modèle MBTI ?

Le modèle MBTI identifie quatre paires de préférences chez chaque individu, chacune étant représentée par une lettre. Ces préférences englobent notre source d'énergie (interne ou

---

16. À l'exception de celui-ci, offert au https://www.16personalities.com/fr/test-de-personnalite. Petit conseil : évitez de vous attarder sur les questions pour préserver l'instinctivité de vos réponses.

externe), notre manière de percevoir les informations (intuition ou sensation), notre processus de prise de décision (basé sur le sentiment ou la rationalité) et notre mode de vie (la planification ou la flexibilité).

Ainsi, chaque individu possède quatre types de préférences correspondant à ces domaines spécifiques. Nous répertorions les éléments suivants :

- l'extraversion (E) ;
- l'introversion (I) ;
- la sensation (S) ;
- l'intuition (N) ;
- la pensée (T) ;
- le sentiment (F) ;
- le jugement (J) ;
- la perception (P).

À partir des différentes préférences émergent les types de personnalité suivants :

ISTJ, ESTJ, ISTP, ESTP, ISFJ, ESFJ, ISFP, ESFP, INFJ, ENFJ, INFP, ENFP, INTP, ENTP, INTJ, ENTJ.

ISTJ : Personnalité encline à l'Introversion (I), à la Sensation (S), à la Pensée (T) et au Jugement (J). Aime évoluer dans un environnement rationnel, structuré et normé. Elle se base sur ses expériences pour prendre ses décisions qui sont pour la plupart du temps logiques. Ce sont des individus pragmatiques et intéressés par les faits, dont le sérieux ne saurait être mis en cause.

ESTJ : Personnalité encline à l'Extraversion (E), à la Sensation (S), à la Pensée (T) et au Jugement (J). Autoritaire avec des prises de décision plus spontanées. Ce sont d'excellents gestionnaires, d'une efficacité inégalée quand il s'agit de gérer les choses ou les gens.

ISTP : Personnalité Introvertie (I), se fiant à la Sensation (S), à la Pensée (T) et à sa Perception (P). Elle est analytique, logique, pragmatique et a besoin de liberté pour s'émanciper. Elle s'exprime de façon directe, sans ambages. Ce sont des expérimentateurs hardis et pragmatiques, maîtres de toutes sortes d'outils.

ESTP : Personnalité portée vers l'Extraversion (E), la Sensation (S), la Pensée (T) et la Perception (P). Elle est hyperactive et a une prise de décision plus rapide que l'ISTP. Ce sont des personnes astucieuses, énergiques et très perspicaces qui aiment vraiment vivre à la pointe du progrès.

ISFJ : Personnalité portée vers l'Introversion (I), la Sensation (S), le Sentiment (F) et le Jugement (J). Elle est organisée, structurée, responsable et aime aider les autres. Ce sont des protecteurs très dévoués et très chaleureux, toujours prêts à défendre ceux qu'ils aiment.

ESFJ : Personnalité Extravertie (E), portée sur la Sensation (S), le Sentiment (F) et le Jugement (J). Elle est beaucoup plus expressive que l'ISFJ, très protectrice, elle peut imposer son point de vue aux autres. Ce sont des personnes extraordinairement attentionnées, sociables et populaires, toujours prêtes à aider autrui.

ISFP : Personnalité Introvertie (I), portée sur la Sensation (S), le Sentiment (F) et la Perception (P). Personnalité empathique et délicate, elle n'aime pas blesser autrui, aime travailler dans un environnement paisible. Ce sont des artistes flexibles et charmants, toujours prêts à explorer et essayer des choses nouvelles.

ESFP : Personnalité généralement Extravertie (E), portée sur la Sensation (S), le Sentiment (F) et la Perception (P). Elle est plus active que l'ISFP et va plus au contact des autres. On les voit comme des amuseurs spontanés, énergiques et enthousiastes. Avec eux, on ne s'ennuie jamais.

INFJ : Personnalité Introvertie (I), Intuitive (N), portée sur le Sentiment (F) et le Jugement (J). Très diplomate, elle est organisée, structurée, fiable et aime créer l'harmonie. Elle est rêveuse, stratège et visionnaire. Ce sont des individus idéalistes, calmes, mystiques et pourtant très inspirants et infatigables.

ENFJ : Personnalité Extravertie (E), Intuitive (N), portée sur le Sentiment (F) et le Jugement (J). Elle est plus énergique et plus déterminée que l'INFJ. Ce sont des leaders charismatiques et inspirants, capables de fasciner leur public.

INFP : Personnalité encline à l'Introversion (I), à l'Intuition (N), au Sentiment (F) et à la Perception (P). Elle a une forte capacité d'adaptation, elle est souple et créative. Elle sait faire preuve d'empathie, de délicatesse et évite de blesser autrui. Ce sont des personnes poétiques, gentilles et altruistes qui sont toujours prêtes à soutenir une bonne cause.

ENFP : Personnalité Extravertie (E), Intuitive (N), portée sur le Sentiment (F) et la Perception (P). Elle peut évoluer selon les difficultés qu'elle rencontre. Elle va plus au contact que l'INFP. Ce sont des esprits libres, enthousiastes, créatifs et sociables qui arrivent toujours à trouver une raison de sourire.

INTP : Personnalité Introvertie (I), Intuitive (N), portée vers la Pensée (T) et la Perception (P). Elle a une forte propension à résoudre les problèmes complexes. Elle a un franc-parler. Elle est créative, polyvalente et souple.Ce sont des individus sont inventeurs, innovateurs, dotés d'une soif inextinguible de connaissances.

ENTP : Personnalité Extravertie (E), Intuitive (N), portée vers la Pensée (T) et la Perception (P). Plus discrète que l'INTP, elle a le contact plus facile. Ce sont des penseurs astucieux et curieux, incapables de résister à un défi intellectuel.

INTJ : Personnalité Introvertie (I), Intuitive (N), portée vers la Pensée (T) et le Jugement (J). Visionnaire, stratège et abstraite, elle est structurée et organisée. Ce sont des penseurs, imaginatifs et stratèges, avec un plan pour tout.

ENTJ : Personnalité Extravertie (E), Intuitive (N), portée vers la Pensée (T) et le Jugement (J). Plus énergique et déterminée que l'INTJ, elle est plus spontanée dans sa prise de décision. Ce sont des leaders hardis et imaginatifs dotés d'un fort caractère, qui trouvent toujours un moyen d'arriver à leurs fins, ou qui le créent.

Grâce à la connaissance de votre type de personnalité MBTI, vous pouvez affiner votre communication et votre management (si vous l'utilisez dans le cadre professionnel). Vous pourrez également gérer plus efficacement les conflits, en comprenant les points de vue des autres et en trouvant des solutions adaptées.

Pour conclure, ces informations ne nous semblent pas aussi cruciales qu'elles en ont l'air… Le MBTI n'est qu'un outil et il ne peut pas tout expliquer sur une personnalité. Nous n'avons pas pu déterminer de façon pertinente comment faire correspondre les différents profils les uns avec les autres pour garantir un match idéal à long terme. Autrement dit, le nombre de paramètres présents lors des rencontres humaines est tel que nous ne pensons pas possible de créer un « tableau » de matchs entre les introvertis et les extravertis, et les autres…

ANNEXE 4

DÉMYSTIFIONS UN PEU DE JARGON !

Dans le monde effervescent des plateformes Click & Love, des phénomènes insidieux ont émergé. Des utilisateurs usent de stratégies et de techniques nouvelles. Cet ensemble de comportements est accompagné d'un vocabulaire très spécifique et encore souvent méconnu des nouveaux membres. Tous sont des anglicismes. Ils peuvent être difficiles à prononcer et à mémoriser. Nous allons donc décrypter les subtilités du *serendipidating*, du *zombieing*, du *caspering*, du *cushioning* et du *cricketing*.

Le *serendipidating*

Ce néologisme, combinant les mots *serendipity* en anglais (découverte) et *dating* (rencontre), dépeint une tendance moderne qui affecte de nombreux utilisateurs en quête d'amour, virtuel ou non. Mais qu'est-ce que le *serendipidating* exactement ? Cette tendance actuelle, alimentée par l'abondance des options, consiste à repousser constamment un premier rendez-vous.

Imaginez-vous dans cette situation : vous correspondez avec une personne prometteuse et avez des échanges pétillants qui vous font sourire. Il se produit une alchimie, et pourtant, malgré l'excitation grandissante, votre interlocuteur retarde sans cesse le moment crucial de vous rencontrer. Ses excuses fusent : des engagements professionnels, des priorités changeantes, des opportunités alléchantes qui semblent surgir à tout moment. La personne vous maintient en attente, toujours en marge de son agenda. Pourquoi cela ? Probablement parce qu'un autre match plus séduisant s'est présenté simultanément !

Les sites et applications Click & Love ont indéniablement ouvert un vaste éventail de choix et d'opportunités. Des profils variés, des photos soigneusement sélectionnées, des descriptions alléchantes : tout cela alimente notre désir d'explorer et de trouver LA bonne personne. Cependant, cette abondance peut également avoir un effet néfaste. Elle crée une illusion d'infinité de profils, un sentiment que de meilleures opportunités se trouvent juste au bout du prochain swipe. Cette croyance que « l'herbe est plus verte ailleurs » peut en inciter certains à repousser sans cesse les rencontres réelles, imaginant que la prochaine personne rencontrée sera encore plus parfaite, plus en phase avec leurs attentes.

Avis au pratiquant

En vous laissant emporter par le tourbillon du *serendipidating* et en procrastinant indéfiniment, vous risquez de passer à côté de la magie d'une relation authentique qui évoluerait au-delà de l'écran. La personne avec qui vous avez échangé des messages si captivants va finir par se lasser de cette attente interminable.

Le *zombieing*

Le *zombieing* est un phénomène perturbant dans les rencontres modernes. Il se produit lorsqu'une personne, après avoir disparu subitement de votre vie, réapparaît de manière inattendue. La plupart du temps, elle vous envoie, après une longue période de silence, un texto anodin du type : « Salut, comment ça va ? » ou « Bonjour, est-ce que tu as trouvé l'amour ? » Parfois même, la personne donne des raisons sans grande originalité pour expliquer son retour.

Ce « revenant d'entre les morts » cherche probablement à se rappeler à votre bon souvenir (était-il si bon d'ailleurs...?). Sous prétexte de prendre de vos nouvelles, il espère probablement renouer avec vous. Cela peut sembler flatteur, mais la démarche est égoïste puisqu'à aucun moment cette personne n'a projeté de bâtir quelque chose avec vous. Sachez donc à quoi vous en tenir ! Faites attention, car si vous étiez amoureux lorsque cette personne vous a soudainement quitté, ce retour inopiné peut engendrer chez vous de la détresse émotionnelle.

Ne laissez pas les zombies du passé entraver votre recherche d'un amour véritable. Restez ouvert aux possibilités, tout en étant vigilant quant aux comportements qui ne correspondent pas à vos besoins et à vos attentes.

Si vous accédez à la nouvelle demande du zombie, cela nécessitera de part et d'autre d'établir des intentions et des limites claires.

Avis au pratiquant

Si vous avez ghosté la personne que vous recontactez, posez-vous la question quant à votre objectif. Voulez-vous vraiment avoir de ses nouvelles? Espérez-vous réellement relancer la flamme? Est-ce parce que vous avez connu un échec avec une autre personne qui vous semblait mieux pour vous? Réfléchissez à l'effet émotionnel que vous allez produire sur l'autre si vous vous ramenez à son souvenir. Car dans tous les cas, le *zombieing* cause de la souffrance!

Le *caspering*

Inspiré par le personnage de Casper (le gentil fantôme), le *caspering* est l'art de rompre avec politesse et bienveillance. Le sentiment de rejet lors de l'annonce d'une rupture est généralement difficile à accepter pour l'autre personne. Plutôt que de disparaître subitement (*ghosting* classique), le caspering privilégie une approche respectueuse. Les mots et les commentaires restent positifs et clairs, malgré la décision de rompre. Il se fait en tête à tête, par téléphone ou par message.

Avis au pratiquant

Il vous faut réellement disparaître de la vie de celui ou celle que vous quittez si vous n'avez pas de sentiments. Évitez de jouer avec les siens. Vous avez le droit de renoncer à la relation, du moment que vous l'annoncez à l'autre avec délicatesse et empathie.

Le *cushioning*

Le concept du *cushioning* est d'avoir un filet de sécurité, un coussin émotionnel en cas de déception amoureuse. Tout en étant déjà en couple, l'individu maintient le lien avec des ex-partenaires, flirte avec d'autres personnes ou garde actif des profils sur ses comptes Click & Love.

Cette pratique offre probablement un sentiment de sécurité émotionnelle, palliant la peur de la solitude ou de l'abandon. Le *cushioning* satisfait l'illusion qu'on ne restera pas sur le carreau en cas de coup dur.

Cependant, il peut y avoir des conséquences néfastes, tant pour la personne pratiquant le *cushioning* que pour son partenaire actuel. Ce dernier n'est évidemment pas informé du matelas de sécurité que son conjoint s'est constitué. Le risque de maintenir parallèlement la communication avec des profils (sur un réseau Click & Love ou dans la vie) est d'installer une distance et un manque d'engagement réel dans la relation.

Avis au pratiquant

Alors que vous êtes déjà engagé dans une relation, vous prenez le risque d'être pris la main dans le sac et de générer un conflit conjugal, voire une rupture. En avez-vous réellement envie?

La note (ironique) des auteurs

Du coup, vous avez bien fait d'avoir prévu un parachute puisque vous avez de vous-même activé le siège éjectable!!!

Le *cricketing*

Le *cricketing* est une pratique courante depuis que les ordinateurs et les smartphones sont devenus des outils modernes de séduction. L'objectif principal de celui qui l'utilise est de créer de l'attente chez autrui, et surtout de se sentir désiré.

La méthode est quelque peu douteuse… Le *cricketing* consiste à lire le message de votre interlocuteur, à ne pas y répondre tout de suite, mais à lui faire comprendre que vous l'avez lu (WhatsApp et Messenger proposent des signes d'accusé de réception).

Cette étrange technique de séduction est perçue différemment selon les personnes et les contextes. Même si, pour certains, le *cricketing* induit un sentiment de curiosité et suscite l'intérêt, il agit en général comme un repoussoir. Cette attitude égocentrique sera perçue comme un manque d'intérêt, de considération et de respect. La cible passera sûrement rapidement à autre chose. Cette méthode fallacieuse et malsaine est à double tranchant. Malgré tout, certains peuvent être séduits par le mystère et l'incertitude…

Avis au pratiquant

Entretenir l'attente, voire la frustration, chez votre cible est tout simplement de la manipulation !

ANNEXE 5

LISTE DES APPLICATIONS DE RENCONTRE

Voici une liste non exhaustive des applications de rencontre offertes à ce jour sur smartphone, classées par ordre alphabétique :

- Adopte
- Attractive World
- Badoo
- Bumble
- Celib
- Clover
- Coffee Meets Bagel
- Disons Demain
- eDarling
- Elite Rencontre
- Fruitz
- Grindr*
- Happn
- Her*
- Hinge
- Jaumo
- Jdate
- Le Béguin
- Lovoo
- Meetic
- OkCupid
- Once
- Parship
- PlentyOfFish (POF)
- Saylove
- Tinder
- Urmytype
- Zoosk*

Les applis dotées d'un astérisque (*) sont exclusives à la communauté LGBTQ. Beaucoup d'autres existent en dehors de cette liste, bien sûr.

REMERCIEMENTS

Nous remercions chaleureusement les équipes des Éditions de l'Homme en France et au Québec pour toute l'attention portée à ce projet ; et en particulier Florence Bisch, directrice éditoriale, qui nous a fait confiance pour ce thème novateur. Merci à Hélène Murphy-Aubry, directrice commerciale en Europe et dans les autres pays francophones hors Québec, pour ses précieux conseils lorsque nous en avons eu besoin. Grâce à votre soutien, nous avons pu élaborer sans tabous une version mixte entre un guide et un ouvrage analytique des pratiques des plateformes de rencontre en ligne.

Nous sommes profondément reconnaissants à Nathalie Ferraris, éditrice, pour avoir su respecter le rythme et le style que nous avons voulu donner à cet ouvrage. Nous te le disons directement, Nathalie : nous avons apprécié ta réactivité, ton efficacité, ton suivi attentif et ta compétence qui ont nourri notre admiration, ainsi que tes suggestions avisées. C'était également un plaisir de travailler ensemble en direct et en visio grâce à ta disponibilité (même à 7 heures du matin !) et... ta constante bonne humeur !

Merci à notre réviseure, Brigitte Lépine, toujours aussi précise pour dénicher les coquilles ainsi qu'à l'équipe de production graphique, notamment à Roxane Vaillant, directrice artistique, et François Daxhelet, à qui nous avons donné du fil à retordre pour nous mettre d'accord sur le concept en couverture (nous nous en excusons !).

Toute notre gratitude va également aux femmes et hommes de divers pays qui ont eu la gentillesse de témoigner de leurs expériences sur les sites et applis de rencontre. Nous nommons ici (sans ordre significatif ni nom de famille pour respecter certaines personnes désireuses de rester anonymes) Sylvie C., Céline A., Vincent R., Carole L., Olivier R., Philippe

M., Marion C., Arnaud N., Theo N., Sandrine G., Fleur T., Jean-Charles B., Jérôme B., Bruno B., Antoine G., Lauren R., Amandine R., Virginia G., Laetitia T., Armelle B., Sophie G., Laurence C., Tom, Isis, Isadora P., Florine B., Marie-Claude G., Martine M., Claire B., Annabelle J. et bien d'autres…

Par avance, nous remercions les fantastiques et fidèles attachés de presse qui ont travaillé sur les précédents ouvrages d'Isabelle, au Québec et en Europe. Merci Frédérique Grenouillat pour ton excellent travail et ton implication en amont au service de la communication. Et puis, grand merci à Mélik Menacer, Françoise Bouzin et Véronique Marron pour votre travail auprès des médias depuis tant d'années !

Enfin, un clin d'œil humoristique bien mérité pour nous, les auteurs : un grand merci. Oui, on se le dit ! Rédiger ce livre en binôme fut autant un défi qu'un plaisir. Chacun de nous avait l'envie de s'appuyer sur ses propres expériences afin d'en faire profiter le plus grand nombre. Pendant deux ans, nous étions donc en mode « mission », avec enthousiasme. Cela nous a tenus bien occupés. Nous remercions donc nos proches et nos amis pour leur soutien et leur confiance.

TABLE DES MATIÈRES

COMMENT JOINDRE LES AUTEURS

Le lecteur peut joindre les auteurs
aux adresses suivantes :

Isabelle Nazare-Aga :
isanazareaga@gmail.com
Site : www.isabellenazare-aga.com

Gérald Marco :
ge.marco@protonmail.com
Site : www.click-to-love.com

Les auteurs donnent des consultations professionnelles en présentiel ou à distance.